Anonymous

Chronologen - Ein periodisches Werk

Anonymous

Chronologen - Ein periodisches Werk

ISBN/EAN: 9783744701754

Hergestellt in Europa, USA, Kanada, Australien, Japan

Cover: Foto ©ninafisch / pixelio.de

Weitere Bücher finden Sie auf **www.hansebooks.com**

Chronologen.

Ein

periodisches Werk

von

Wekhrlin.

Fünfter Band.

Frankfurt und Leipzig.
In der Felßeckerischen Buchhandlung.
1 7 8 0.

Chronologen.

Ein

periodisches Werk

von

Wekhrlin.

Fünfter Band.

Frankfurt und Leipzig.
In der Felßeckerischen Buchhandlung.
1 7 8 0.

Vorbericht.

In Wahrheit, Niemand weniger, als ich, versah sich, daß er jemal im Fall seyn würde, persönliche Details von sich zu geben. Eine natürliche Entfernung vom Egoismus schien mich gegen die Anfälle desselben zu sichern; und der Ort und die Gattung meiner Lebensart schienen mich in ein so glückliches Dunkel zu hüllen, welches mich vor allen öfentlichen Ansprüchen schüzen würde.

Inzwischen werde ich Konjunkturen gewahr, die mir zur Pflicht machen, mich in eine Eröfnung über meine persönliche Lage einzulassen, wozu ich mich mit vielem Drang entschliesse, welche aber nothwendig ist, um das Publikum in Absicht des Plans der Chronologen aus allem ferneren Irrthum zu sezen.

Ich werde diesen Zug so leicht als möglich berühren. Man ist selten glücklich, wann man von Selbst spricht.

A 2

Vorbericht.

In Wahrheit, Niemand weniger, als ich, der sah sich, daß er jemal im Fall seyn würde, persönliche Details von sich zu geben. Eine natürliche Entfernung vom Egoismus schien mich gegen die Anfälle desselben zu sichern; und der Ort und die Gattung meiner Lebensart schienen mich in ein so glückliches Dunkel zu hüllen, welches mich vor allen öfentlichen Ansprüchen schüzen würde.

Inzwischen werde ich Konjunkturen gewahr, die mir zur Pflicht machen, mich in eine Eröfnung über meine persönliche Lage einzulassen, wozu ich mich mit vielem Drang entschliesse, welche aber nothwendig ist, um das Publikum in Absicht des Plans der Chronologen aus allem ferneren Irrthum zu sezen.

Ich werde diesen Zug so leicht als möglich berühren. Man ist selten glücklich, wann man von Selbst spricht.

A 2

Seit drey Jahren lebe ich, im äussersten Winkel eines Dorfs, auf einer sehr gesellschaftlosen Erde. Ich bin nicht so eitel, zu behaupten, daß ich das Land bezogen habe, um die Schönheiten der Natur zu geniessen, womit uns die Dichter schmeicheln: die Ueberzeugung belehrt mich, daß die Reize des Lands mit den Anzüglichkeiten der Stadt ziemlich im Ebenmaaß stehen. Noch weniger aus dem Stolz, zu philosophiren. Ich bekenne offenherzig, daß mich eine physische Schwachheit zu dieser Lebensart genötigt hat.

Die Hofnung, in der Landluft ein Mittel gegen eine Krankheit zu finden, wider welche weder Pipernsuppen, noch Seifenpillen, noch Assa fötida helfen, und die mich mit verborgenen Schlingen verfolgt, ist die Ursache, daß ich mich in den Schuz der Natur begeben habe.

Diesem Umstand; dem engen Kreis worein ich eingeschlossen bin; dem Umgang mit mir selbst, ist man die Chronologen schuldig. Nicht aus dem rühmlichen Eifer der Welt zu nüzen, schreibe ich; noch aus jenem Wissenschaftsgeiz, ohne welchen man eigentlich nie schreiben sollte. Das Schreiben ist bey

mir

mir eine wahre Bedürfniß, ein wahrer Drang des
Müſſiggangs. Mein Looß machte mich nicht glücklich genug, ein Handwerk zu verſtehen: meine Or-
gane aber ſind zu lebhaft, um nicht eine Beſchäftigung zu verlangen. Ich fliehe zur Feder ſo, wie ich
die Käfer vor meinem Fenſter aus Ennui vom
Schlafe zum Spiel fliehen ſehe.

> Mein Troſt in meiner Einſamkeit
> Iſt meine kleine Dichtergabe.
> Viel Bücher giebts hier auf dem Lande nicht:
> So mach ich dann von Zeit zu Zeit
> Auf jeden Vorfall ein Gedicht,
> Damit ich was zu leſen habe.

Die Chronologen ſind alſo das Werk nicht
nur eines müſſigen, ſondern — eines kranken Kopfs.
Aus dieſem Geſichtspunkt wünſche ich, ſie beurtheilt
zu wiſſen. Dann was ſollte mich immer berechtigen,
die Wahrheit zu verhehlen? Sie erreichen nicht einmal meine eigenen Begrife von der Kunſt zu ſchrei-
ben: und ich fühle bey mir ſelbſt, wie weit ſie unter demjenigen ſind, was ich täglich leſe.

Glück genug, wann ſie auſſer dem Mangel des
Intereſſe, auſſer dem Abgang der Vollkommenheit,
keine andern Gebrechen haben! —

Aber

Aber wie sehr bin ich zu dieser Furcht begründet! Einestheils von den öftern Anfällen meiner Krankheit beunruhigt, anderntheils in einen Erdpunkt verschlossen, der mich nicht des mindesten Umgangs mit kritischen Freunden theilhaftig macht; der mich des, zu Verfassung guter Schriften so nothwendigen Hilfsmittels beraubt, meine Aufsäze einsichtsvollern Männern mitzutheilen, und mir ihr Urtheil auszubitten, ists beynahe unmöglich, daß sich mein Genie nicht verirren, daß ich nicht zuweilen in Abwege, in Ausschweifungen, in Betisen fallen sollte. Man verirrt sich niemal leichter, als wenn man allein ist.

Jedoch diß ist nicht allein, was mich beschäftigt. Die Irrthümer des Verstands beleidigen höchstens nur ihren Urheber. Indem sie ihn insgemein lächerlich machen: so fallen sie auf ihn selbst zurück. Ich bin standhaft genug, mich unter dieses Schicksal zu beugen. ––

Werde ich es hingegen in dem Fall seyn, wann meiner Feder besondere Beleidigungen entfahren sind? Diß ists, was mir Skrupel macht. Ich zittere, ob sich in den vorhergehenden Heften der Chronologen nicht Züge befinden dörften, worüber sich zärtliche

See-

Seelen ärgern, welche den Geschmack wohlgebil-
deter Geister beleidigen könnten.

Wann ich mich hier oder dort in Begrifen, die
die Philosophie oder die Litteratur betrefen, geirrt
habe: so tröstet mich die Ueberzeugung, daß mein
Jahrhundert allzuerleuchtet ist, als daß ihm die
Sottisen eines Schriftstellers zu schaden vermögend
seyn sollten. Nichts aber würde mich über den Irrthum meines Herzens trösten können.

Auf einem Boden, der alle Vorzüge des Klima
und der Regierung besizt; unter dem großmütigen
Schuze eines Prinzen, den die Liebe zu den Musen
und alle Grazien des Geists und des Herzens anbe-
thenswürdig machen; im Zirkel wohlgesinter Freunde, deren Theilnehmung mir die Schmerzen meiner
Krankheit erleichtert; lebe ich so glücklich, als man,
nach den Gesezzen der Natur, leben kan. Aber
dieses ganze Glück würde das Bewustseyn verbit-
tern, wann ich jemand Ursach gegeben hätte, an dem
Verdienst meines Herzens zu zweiflen.

Auf

Auf meinem ganzen Wege durch die Welt habe
ich es immer rein erhalten; und so oft ich so unglücklich war, meine Freunde durch die Fehler meines
Verstands zu beleidigen, so erwarb mir der Karakter
meines Herzens ihre Vergebung.

Diese Eröfnung, hoffe ich, soll diejenigen besänf-
tigen, welche sich über die Freymütigkeit der Chronologen beleidigt finden. Wann es, wie Pope
spricht, ein Unglück ist, daß die Menschen gerade ihre Meinung von uns nach dem abfassen, was wir
zur Zeit thun, wo wir am wenigsten Kräfte besizen,
uns zu regieren: so verdiene ich in mehr als Einem
Betracht Bedauren.

Eine müssige und kränkliche Einbildungskraft
nöthigt mich zu schreiben; und Mangel der Ueberle-
gung bewegt mich, drucken zu lassen. Mein Verleger
ist zu höflich, mir die Fehler meiner Autorschaft zu
eröfnen: und das Publikum ist vielleicht zu gleichgültig, um ihr Schicksal zu bestimmen.

Inzwischen sey mir erlaubt, durch gegenwärtige
Skizze einen Beweis meiner Mäßigung und der Hochachtung

achtung für das Publikum abzulegen, und mir seine Nachsicht zu erwerben. Möchten sich die Kunstrichtere ein Denkzeichen daran nehmen, daß sie sich niemals bemühen, etwas zu zerstöhren, das von sich selbst zu sterben weis.

Nach diesem wird man mir vergeben, wann ich erkläre, daß ich ein für allemal über die in Betref der Chronologen erscheinen könnende Debatten mit keiner Zeile öfentlich antworten werde. Ich glaube, das Gute vertheidigt sich von selbst, und das Schlechte ist niemals zu vertheidigen.

Wekhrlin.

Nachschrift.

Ich weis nicht, ob ich, ohne Erröthen, mir einbilden darf, daß es Jemand gäbe, der Interesse genug an den Chronologen nähme, mich mit Briefwechsel — oder wohl gar mit einem Beytrag — zu beehren. Auf alle Fälle habe ich die Felßeckerische

A 5   Buch=

Buchhandlung zu Nürnberg ersuchet, die unter der Aufschrift

An die Chronologen

an dieselbe couvertirten Briefe mit den äuſſerſten Regungen der Gefliſſenheit und Verbindlichkeit aufzunehmen.

Abbit.

Abbitte und Ehrenerklärung.

So gewis die Gesinnungen, die ich auf voran-
gehendem Blatte dargelegt habe, in meinem
Herzen liegen: so viel Ehre ich mir daraus mache,
sie an Tag zu stellen: so würden sie noch immer un-
vollkommen seyn, solang ihnen eines der wesentlich-
sten Verdienste — das Verdienst des Beweises —
abgienge.

Es ist allzuschön, vor dem Angesicht eines Pu-
blici, das man verehrt, seine Grundsäze bestättigen
zu können, und ich bin allzuglücklich, die Gelegenheit zu finden, als daß ich sie nicht mit dem lebhaftesten Geize benuzen sollte.

Die Betrachtungen, die ich*) über den Tod des
Capitän Cook gefällt habe, sind wahrhaft meinen
Begrifen gemäs. Sie sind die wirklichen Abbrücke
von den Empfängnissen meines Geists. Von dieser
Seite betrachtete ich immerzu die Natur der be-
rühm-

*) Chronologen IV Band. Seite 125 u. s. w.

ten Weltreisen, so oft mir welche von ihren Be-
schreibungen in die Hände fielen.

Unterdessen habe ich mich geirrt.

Heil sey der Gelehrsamkeit und dem Wissen-
schaftsfleisse des Herrn Professor Lichtenberg zu Göttingen! Dem Verdienste seines Journals bin ich
schuldig, daß ich dem Publikum — und mir Selbst —
dieses Geständniß leisten kan.

Das Göttingische Magazin der Litteratur und
der Wissenschaften liefert eine Nachricht von den
Lebensumständen des Capitän Cook, die das Merite dieses berühmten Sterblichen ins unwider-
sprechlichste und aufgeklärteste Licht sezt; und welche meine Vorurtheile gegen die Reisen um die
Welt gänzlich zerstäuben.

Dieser Zufall beschämt mich; und ich würde über
meine Unvorsichtigkeit verzweiflen, wann mich nicht,
wie ich zum öftern wiederholt habe, der Begrif be-
ruhigte, den ich von den Chronologen hege, daß sie
von allzuunbeträchtlichem Werthe, und einer allzu-
nahen Vergänglichkeit unterworfen sind, als daß sie
irgend einen Schaden zu verursachen fähig seyn
sollten.   Wäre

Wäre es noch möglich, daß ich unglücklich genug
seyn solte, durch meine Plattituden irgend zu einem
falschen Eindrucke in Ansehen des verstorbenen Capitän Cook Gelegenheit gegeben zu haben: so müste
mich die ausnehmende Geschicklichkeit trösten, womit der Verfasser der Lebensumstände desselben seinen wahren Karakter abgehandelt hat, und welche
alle mögliche Mißbegrife aufhebt.

Um diesen Zweck zu befördern, um dem Publikum ein öfentliches Opfer meiner Reue darzubrin-
gen, überliefere ich meinen Lesern besagte Nachricht
von den Lebensumständen des Capitän Cook in einem
getreuen Nachdruck.

Wie weiß ich mich mit dem beleidigten Schatten
des Capitäns besser auszusöhnen? Wie weiß ich der
Welt eine überzeugendere Probe von der Gerechtigkeit meines Geists, und von der Wahrheit der
Gesinnungen, die ich ihr vorzutragen die Ehre gehabt habe, abzulegen, als indem ich, durch eine
ausführliche Wiederholung, den Ruhm des verstorbenen und die Verdienste seines Geschichtschrei-
bers zu verbreiten suche? —

Es

Es ist billig, daß eben diese Schrift, welche den Fehler enthält, auch die Buße auf sich nehme. Ich lege gegenwärtigen Chronolog zu den Füssen der Urne des Capitän Cook.

So wenig ich wünsche, noch einmal in den Fall gesezt zu seyn, eine Genugthuung in dieser Art von mir zu geben: so sehr bin ich zufrieden, daß mir mein Schicksal, durch den gegenwärtigen, Gelegenheit zubereitet hat, von der Mässigung meines Karakters und von der Lage meines Herzens ein Zeugniß abzulegen.

Die Nachricht von den Lebensumständen des Capitän Cook ist mit der äussersten Genauheit, ohne das mindeste daran zu berühren, nach dem Original abgedruckt. Die wenigen Noten, die ich am Rande beygefügt habe, scheinen mir zum Behuf eines gewissen Theils der an die Chronologen attachirten Leser nothwendig und zuträglich zu seyn. Sie sind höchstmittelmässig. Und ich bin überzeugt, daß sie Herr Lichtenberg selbst gemacht haben würde, wann er sie nicht unter der Würde seines Talents befunden hätte. Unterdessen habe ich die Aufmerksamkeit gehegt, sie durch Beyfügung ihrer Addresse zu unterscheiden. Den 3 May, 1780.

Einl.

Einige Lebensumstände von Capitän James Cook, gröstentheils aus schriftlichen Nachrichten einiger seiner Bekannten gezogen.

(Göttingisches Magazin der Wissenschaften und Litteratur. Ersten Jahrgangs 2tes Stück.)

— —auch der besteAuszug würde sie verderben
Herr Prof. Lichtenberg. S. unten.

Dieser Mann, der über die ganze gesittete Welt und einen grossen Theil derjenigen bekannt worden ist, die wir nicht mit unter dieserBenennung begreifen; von dem man bisher soviel gesprochen hat, und dessen Verlust itzt der bessere Theil von Europa betrauert, verdient von unserm Vaterland näher gekannt zu werden, als bisher geschehen ist.

Wer ihn allein aus seinen Reisen um die Welt kennt, kennt ihn bey weitem nicht genug. Es waren dieses freylich dieUnternehmungen, die seinenRuhm so weit ausgebreitet haben, aber schon lang vor dieser Zeit hatte er ausgebreiteten Ruhm verdient.

Gegenwärtiger Aufsatz enthält in einer getreuen Erzählung alles, was mir *) von diesem ausserordent-

*)Herrn Prof.GeorgChristoph Lichtenberg zu Göttingen.

deutlichen Mann bekannt worden ist; seine Tugenden nebst seinen Fehlern; jene ohne rednerischen
Schmuck; und diese ohne gesuchte Entschuldigung,
die sich nicht vertragen. Etwas was den Nahmen eines Lasters verdiente, ist mir indessen nicht
bey ihm vorgekommen.

James Cook ward im Jahr 1728 in der Graf-
schaft York gebohren. Sein Vater war ein gemeiner Landmann, der sich mit Bebauung einiger Län-
dereyen ernährte, die er doch von einem, wie es
scheint, gütigen Herrn gepachtet hatte. Von seinen
Brüdern und Schwestern, deren einige waren, ist
nur izt noch eine Schwester am Leben, die ebenfalls
an einen Pächter verheyrathet ist.

Der junge Cook hatte sich also, nach einem solchen Eintritt in die Welt, keine sonderliche Erziehung
zu versprechen. Auch wurde er blos in die öfentli-
che Pfarrschul gethan, wo er lesen lernte, etwas
schreiben, rechnen, und den Catechismus.

In seinem dreyzehnten Jahre gab ihn sein Vater
einem Schiffer aus Whitby, der Steinkohlen von
Newkastle nach London zu führen pflegte, auf 7 Jahre in die Lehre. Diese Lehrjahre arbeitete er, ohne
sich

sich besonders auszuzeichnen, durch, und diente hernach auf etlichen Reisen von Newkastle nach London, als gemeiner Matrose.

Auf einer dieser Reisen ereignete es sich einmal, daß das Schif, zu welchem er gehörte, verkauft wurde. Um also wieder nach Newkastle zu kommen, erbot er sich auf einem andern Schiffe gegen die Verköstigung als Matrose zu arbeiten. Allein der Schiffer brauchte keinen Matrosen, bot ihm also die ledig gewordene Schifskochsstelle an, wann er sie versehen könnte. Cook übernahm diesen Dienst, und führte also auf einer Reise von London nach Newkastle seinen Nahmen einmal mit der That.

Bald darauf wurde er auf einem andern Schif als Gehilfe des Schiffers (mate) oder Steuermann gebraucht, und bey dieser Stelle war es, wo sich seine Talente zu entwickeln anfiengen. Was nehmlich bey solchen kurzen Reisen an den Küsten hin Tausende an seiner Stelle nicht merken, das fühlte Cook sehr bald; nehmlich, daß man ohne Mathematik Zeitlebens ein elender Steuermann bleiben müsse.

Eine unerschütterliche Beharrlichkeit in Befolgung dessen, was er sich einmal zu erreichen vorgesezt hatte, ist ein Hauptzug in Cook's Charakter. Hier fieng er an, sich zu äussern. Er machte alles Geld, das er sich auf seinen Reisen erspart hatte, mit dem was ihm sein Vater noch hergab, zusamm und nahm Privatunterricht in der Mathematik und Schifskunst.

Nachdem er sich gute Kenntnisse hierinn erworben, so ward ihm auch der Kohlenhandel und das Küstenbewahren zu einförmig. Er breitete sich mehr aus, und that eine Reise nach der Ostsee, nach St. Petersburg und Wiburg, auch eine nach Norwegen. Auf einer dieser Reisen machte er die Bemerkung von der grossen Menge Vögel, die sich in einem Sturm auf das Tauwerk des Schifs niederliessen, und davon einige, die vom Falkengeschlecht waren, sich nach einigen Tagen von den übrigen kleinern zu nähren anfiengen. *)

Um diese Zeit machte der mit Frankreich ausgebrochene Krieg die Nachfrage nach geschickten Seeleuthen sehr groß. Dann nach der Einrichtung des englischen Schifs-Etat zieht kein Offizier unter Lieutenantsrang in Friedenszeiten Gage. Man sucht also, wann ein Krieg angehet, vornehmlich Leuthe, die man

*) S. Georg Forsters Reise. S. 36. I Theils.

man zu Mitschmännern, Schifsmeistern und Mei-
stersgehilfen gebrauchen kan; das ist, die entweder
ehedem schon ähnliche Stellen auf Kriegsschiffen be-
kleidet, oder doch Kaufartheyschiffen als Schifer
oder Gehilfen gedient haben.

Bey dieser Gelegenheit wurde Cook als Mei-
sters-Gehilfe angestellt, und wohnte der Eroberung
von Louisburg und Cap Breton mit bey.

Ob er nun gleich hier noch nicht auf dem Wege
war, der geschwind zu hohen Stellen führt, so fand
sein stilles Verdienst doch bessere Beobachter. Man
sah bald, daß sich seine Kenntnisse sehr weit von den
Kenntnissen seines Gleichen unterschieden. Dann
alle Zeit, die ihm seine Amtspflichten übrig liessen,
stubierte er, und las die besten Werke der Engländer
über das Seewesen, und selbst die, welche die Mechanik der Seegel und des Steuerns beym Schifs-
lauf durch die Analysis des Unendlichen erläutern.
Dabey war er pünktlich und unermüdet in seiner
Pflicht: lauter Eigenschaften, die so selten bey jungen Seeleuthen, die keine ausserordentliche Erziehung genossen haben, angetroffen werden, daß sie
in ihm nicht übersehen werden konnten.

B 2

Als daher im Jahr 1759. England die Eroberung von Quebec beschloß, so bekam Cook eine
Stelle als Schifsmeister bey der Flotte des Admiral Saunders, und war mit bey der Parthey,
die auf der Insel Orleans landete, wo er auch
Gefahr lief, gefangen zu werden.

Bey der Expedition auf Quebec selbst, also in seinem 31ten Jahr, zeichnete er sich durch eine That
aus, die unter uns nicht so sehr bekannt worden
ist, auch nicht so glänzend ist, als die Umseglung der
Welt, aber so wie er sie ausführte, allemal so gut
wie diese, ihren Mann verewigt.

Der Admiral hatte mit dem Befehlshaber der
Landmacht, dem Liebling der englischen Nation Wolfe, die Verabredung genommen, den Feind in Quebec zu einer falschen Muthmassung zu verleiten. Man
wollte eigentlich beym St. Charles Fluß angreifen.
Um ihn aber glauben zu machen, man sey Willens
den St. Lorenz Strohm hinauf, an der Stadt vorbey zu gehen, und oberhalb derselben etwas zu unternehmen, so muste Cook alle Nacht in einem Boot
unter Bedeckung von einigen Soldaten längs dem
Flusse hinauf Bojen zu Wegweisern für die Flotte legen.

Der

Der Feind wurde dieses bald gewahr, und feurte aus der untern Stadt auf ihn. Allein Cook fuhr mit der ihm eigenen Beharrlichkeit und Pünktlichkeit fort. Alle Morgen kamen die Franzosen, und nah-men die Boyen wieder weg, und alle Abend kam Cook und legte wieder andere und ließ wieder auf sich feuren, und dieß alles — blos um den Feind auf eine falsche Muthmassung zu leiten.

Der Angriff geschah endlich beym St. Charles-fluß. Allein die Lage und die Befestigungen des Orts nöthigten doch den General Wolfe, seinen Plan zu ändern. Man fuhr fort, alle Nacht Boyen zu legen, und endlich muste wirklich geschehen, was man An-fangs den Feind blos glauben machen wollte: die ganze brittische Landmacht gieng, unter Cook's Füh-rung, als Steuermanns, in einer Nacht den Strohm glücklich hinauf. Man erstieg die Höhen Abrahams im Rücken von Montcalm, der nunmehr den Feind beym St. Charlesstrohm erwartete, und Quebec und ganz Canada wurden, wiewohl mit dem Verlust bey-der Heerführer, Wolfe's und Montcalm's, erobert.

Nach der Eroberung von Quebec blieb Cook, nebst dem Schiffe, worauf er sich befand, auf der Kü-ste von Nordamerika bis zum Frieden.

Nach

Nach dem Frieden wollte die englische Regierung die Küsten der grossen und wegen ihrer Fischerey für England unschäzbaren Insel Neufoundland so genau als möglich aufnehmen lassen.*) Auch hier wurde Cook gewählt; denn seine Stärke in allen hiezu nö-

thigen

* Mit wahrer Einsicht, und mit dem vollkommensten Grund giebt der Herr Verfasser der durch den Pariser Friedensschluß erworbenen Fischerey auf Terreneuve das Prädikat der **Unschäzbarkeit**. Sie ist von der äussersten Wichtigkeit. Die Fischerey überhaupt ist eine von den Grundsäulen des brittischen Staats. Dieser reiche und blühende Handelszweig ist die vornehmste Feder im englischen Seewesen, und er war daher bey der Unterhandlung 1763 ein Hauptpunkt. — Vor dem Ausbruche des vorigen Kriegs thaten es die Franzosen den Engländern im Fischhandel bey weitem vor; weil die leztern an einem diesem Handel wesentlichen Produkt Mangel litten, dem Salz. Allein nachdem am Ende des Kriegs die französische Seemacht und Schiffarth zu Grunde gerichtet war, und die englische Flagge in allen vier Welttheilen siegreich wehte: so bedienten sich die Engländer dieses günstigen Zeitpunkts, nützliche Geschäfte mit dem Prinzen der Barbaren, mit dem Dei zu Tripoli, mit der Republik Venedig und mit dem napolitanischen Hof rc. einzurichten, um das zu Gewinnung des Fischhandels benöthigte Salz aus den Salzgruben zu Zoara, zu Berta und zu Trapani rc. zu ziehen. Zu gleicher Zeit munterte das Parlament verschiedene Inseln in Westindien auf, sich auf die Salzbereitung zu legen.

Es

thigen Kenntniſſen, ſo wie ſein groſſer Dienſteifer,
waren bekannt, und dabey wuſte er auch ſeinen Vor-
geſezten durch öfteres Aufwarten ſeinen Nahmen gut
ins Gedächtniß zu prägen.

Man gab ihm ein kleines Schif nebſt 10 bis 12
Mann. Er kaufte ſich einige gute mathematiſche
Inſtrumente unter andern einen ſehr ſchönen hölzernen Luadranten von Bird's Arbeit, nebſt einem ſehr
guten Spiegelteleſkop und einer vortreflichen Ta-
ſchenuhr. Mit Hilfe dieſer Werkzeuge nahm er in
den Jahren 1764 bis 1767 (incl) die ganze ſüdliche

B 4   und

Gegenwärtig iſt die Fiſcherey in England in ihrem
Flor, und keine Nation in Europa, die Holländer
ausgenommen, treibt dieſen Handel ſo hoch. Die
Einkünfte vom Häring- Wallfiſch- und Stockfiſchfang
für England rechnet man jährlich auf 6,050000 Pfund
Sterling, woran zwey Drittel klarer Gewinn ſeyn
ſollen. Eine Summe, die die Wahrſcheinlichkeit im
Geringſten nicht überſchreitet, wann man überlegt,
daß der Häringfang bey den orkadiſchen und ſchetlän-
diſchen Inſeln allein 1100 Schiffe beſchäftigt, welche
vierzig Millionen Häringe aufbringen; daß an Stock-
fiſchen, Lachſen, Sardellen, Pilcharden, Laberdans ꝛc.
die an den Küſten von Schotland, in der Grafſchaft
Cornwall, auf den Bänken von Neuengland, vornehmlich aber in Neufoundland, gefangen werden
jährlich 200000 Centner nach Portugall, Spanien ꝛc.
gehen; und daß man überhaupt den Gewinn im Fiſch-
handel bey der Börſe zu London auf tauſend Procent
ſezt.

Anmerk. v. Verf. d. Chronolog.

und den grösten Theil der nördlichen Küste von Neufoundland auf, und gab nach und nach Special-kar-
ten davon heraus.

Man darf diese Blätter nur flüchtig ansehen, um
über des Mannes Fleiß zu erstaunen. Die Menge
der grössern Meerbusen, kleinern Buchten, Sand-
bänke, Klippen und Abweichungen der Magnetna-
del, die er angegeben hat, welches ohne Messung ohn-
zähliger Winkel und ein beständiges peylen mit dem
Wurfbley nicht geschehen konnte ist ausserordentlich

Was diese Verrichtungen äusserst beschwerlich
machte, war, daß er immer im December nach England gehen, und den folgenden März wieder eine geliebte Familie verlassen muste, um nach einer Insel
zurückzukehren, in deren tiefen Buchten das Eis nicht
selten bis in Junius liegt. Ja, er selbst hat in der
Strasse von Belleisle einige aus Norden dahin getriebene und gestrandete Eisberge bemerkt, die den
ganzen Sommer über nicht schmolzen und noch tief
in den zweyten hinein lagen. Dabey ist das Land an
der Küste schlecht bewohnt. Höchstens sinds Fischer
und Holzhändler, die weder Ackerbau noch Vieh-
zucht treiben, die sich da aufhalten. Das Innere
des Lands bewohnen die noch alten Eingebohrnen,
ein

ein wildes, ungeselliges Volk, und in dem nördlichen und nordwestlichen Theil der Insel sind die un-
geschlachten und oft treulosen Esquimaux. *)

Frische Lebensmittel müssen also durch die Fischerey und Jagd verschaft werden. Die erstere über-
lies Cook seinen Matrosen. Die leztere übernahm
er selbst, und er kam niemals ohne Gänse, Enten
und andere Vögel, womit die dortigen Ufer und
Felsen oft ganz bedeckt sind, reichlich beladen zurück.
Auch erinnerte er sich einmal einen weissen Bären er-
legt zu haben, den er den Esquimaux überließ, die ihn
aufassen und viel Fett daraus schmolzen.

Auf einer dieser Jagden hatte er das Unglück,
daß einmal sein Pulverhorn, eben als er es in der
Hand hatte, Feuer fieng, ihm den Daumen der rechten Hand zerschlug und einige andere Finger beschä-
digte. Die Wunde wurde zwar durch den Chirurgus
von einem der Kriegsschiffe, die zur Bedeckung der

B 5   Fische-

*) S. die mit eben so viel Interesse als Präcision ent-
worfene Beschreibung der Insel New-Found-
land, von Herrn Professor Lichtenberg, im Lauenburger Taschenkalender aufs Jahr 1780. Item
Ebendesselben Beschreibung der Hudsons-Bay
und der Esquimaux im Lauenburger Kalender
vom vorigen Jahr.

Fischerey dort immer liegen, bald geheilt; allein
Cook konnte sich doch beym Schreiben des Daumens
nun nicht mehr bedienen, und hielt seit der Zeit immer die Feder zwischen dem Mittel - und Zeige-
finger.

Man siehet hieraus, daß seine Lage wenigstens in
Absicht des Umgangs und der Gemächlichkeiten des
Lebens keine der angenehmsten war, ob er gleich sonst
ausser seiner Gage, als Meister des Schifs, täglich
noch eine halbe Guinea als Landmesser bekam, und
manche andere Vortheile genoß. Allein aus diesem
Gesichtspunkt allein mus man auch seine Lage nicht
beurtheilen. In wie fern er den Verlust guter Gesellschaft dort empfunden haben mag, läst sich nicht
bestimmen, den von den Gemächlichkeiten des Lebens
hat er wenigstens nicht gefühlt.

Er bediente sich vielmehr dieser Gelegenheit seiner Spahrsamkeit, die er oft zu weit trieb, ganz nach
eigenen Gutdünken nachzuhängen, und versagte sich
auch noch die gemeinsten Bequemlichkeiten. Er trank
z. B. seinen Thee niemals mit dem auf den Schifen
gewöhnlichen Speiszucker; sondern um jenen zu er-
spahren, mit schwarzen Syrup. Ja sogar die Talg-
lichter, die ihm doch die Regierung vergüthete, brann-
te

te er nicht, sondern dafür den Thran, den man aus
dem Seehundsfett schmolz.

Dieses mus freylich zum Theil mit aus seiner
niedrigen Erziehung und den Angewohnheiten aus
einem Stand, den er kaum verlassen hatte, erklärt
werden, daß aber doch noch etwas mehrers mit
darunter steckte, siehet man schon daraus, daß er
z. E. wegen seines zerschellten Daumens, als ein in
königlichen Diensten Verwundeter, eine jährliche
Vergüthung von vier Pfund Sterling aus der Casse
annahm, in welche jeder Matrose, er diene auf Königlichen oder Kaufarthey schifen monatlich von seinem Gehalt 6 Pence bezahlen mus, um kranke und
verwundete Seeleuthe daraus zu verpflegen.

Wann er aber den Mangel an guter Gesellschaft
selbst nicht gefühlt haben sollte, so ist wenigstens soviel gewiß, gewürkt auf ihn hat er allemal. Dann
man schreibt mit Recht seinem Aufenthalt in diesen
wilden Einöden einen Theil des finstern Wesens und
der ungeselligen, oft zu weit getriebenen Zurückhaltung zu, die man nachher an ihm bemerkte.

Während dieser Zeit hatte sich Cook ein kleines
Haus mit einem kleinen Garten zu Mile-End nahe
an

am östlichen Ende von London gekauft, wo er seine
Winter zubrachte, und da dachte er nun wohl seine
Tage als Schifsmeister und Landmesser im Dienst
der Admiralität zuzubringen. Dann der Sprung
vom Schifsmeister zum Lieutenant oder Capitän ist
äusserst schwehr und selten. Man giebt solchen Leuten am Ende höchstens eine von den 20 Besoldun-
gen, welche für alte Schifsmeister ausgesetzt sind,
oder braucht sie zu Aufsehern (Master attendants)
in den königlichen Schifswerfften, wo ihr Amt dar-
rinn bestehet, daß sie Tackel und Tauwerk und die
Bestimmung der Segel bey den auszurüstenden
Schiffen anordnen. Indessen Cook, der zu etwas
grössern aufgehoben war, that diesen Sprung wirklich, und zwar bey folgender Gelegenheit.

Die königliche Societät der Wissenschaften zu
London hielt zu Beförderung astronomischer Kenntnisse für vortheilhaft, den Durchgang der Venus
durch die Sonne, der sich im Sommer 1769 ereignen
sollte, auf einer Insel des stillen Meers beobachten
zu lassen, und stellte deswegen bereits im Februar
1768 dem König in einem eigenen Memorial den
Nutzen einer solchen Unternehmung vor.*) Der König

*) Welcher in Summa darinn bestehet, die eigentliche
Entfernung der Erde von der Sonne zu wissen. Ein
Gegen-

nlg genehmigte nicht allein den Vorschlag, sondern gab auch sogleich Befehl an die Admiralität, ein Schif dazu auszurüsten, und schenkte über das der Gesellschaft zur Ausführung ihres Vorhabens eine sehr ansehnliche Summe Gelds.

Die Wahl fiel damals auf eine der Marquesasinseln. Allein Capitän Wallis, der eben um diese Zeit von seiner Reise um die Welt zurück kam, bemerkte in einem Briefe an den damahligen Präsidenten der königlichen Societät, Lord Morton, daß zu dieser Beobachtung wohl keine Insel leicht bequemer seyn könnte, als eine von ihm neuerlich in der Südsee entdeckte, der er den Nahmen König Georgs Insel gegeben hatte. *)

Nach genauer Erwägung der Lage dieser Insel wurde Capitän Wallis Vorschlag genehmigt, die Anstalt

Gegenstand der blos speculativisch ist; zu dessen Unternehmung aber die Engländer, vor allen andern Nationen, berechtigt waren, weil Halley, der Urheber dieser Entdeckung, ihr Landsmann ist. Auf seine Weissagung gründet sich der Entwurf, wozu sich beynahe alle europäischen Höfe entschlossen, Gelehrte zur Beobachtung dieses merkwürdigen Phänomens auszusenden.

Anmerk. v. Verf. d. Chronol.

٭) O.Taheiti.

stalt zur Reise mit Eifer betrieben, und von dem berühmten Admiral Lord Hawke die Ausführung dieses Unternehmens dem Schifsmeister und Landmesser Cook, den er zu dem Ende auch zum Schifslicutenant und Commandeur des Schifs ernannte, anvertrauet.

Und nun war Cook endlich an der Stelle, auf die er gesezt werden muste, um von der einen Seite der Welt mit seinen grossen Talenten zu nüzen, und von der andern auch von ihr dereinst die Belohnung sicher erwarten zu können, die sie verdienten.

Herr Joseph Banks, iziger Präsident der Societät der Wissenschaften, erbot sich aus Eifer für die Naturkunde überhaupt, und die Kräuterkunde insbesondere, die Reise mitzumachen. Er bewog den Doktor Solander, nebst verschiedenen geschickten Mahlern, sie ebenfalls mit anzutreten, und sein ansehnliches Vermögen sezte ihn in den Stand, die besten Bücher und Instrummente anzuschaffen und sonst alle nöthigen Vörkehrungen zu treffen, um die Reise zum Dienst der Wissenschaften gemeinnüzig zu machen.

Auf königlichen Schiffen ists gewöhnlich, daß der Kapitän, dem es die Regierung vergüthet, die Personen

ſonen, welche ſie mitſchickt und nicht eigentlich zum Schifs-Etat gehören, frey beköſtige. Herr Banks aber übernahm die Verpflegung ſeiner eignen Reiſegeſellſchaft, des Aſtronomen Green und ſelbſt Herrn Cook's und zahlte demſelben oben drein für den Gebrauch der Schifs-Cajüte und alles andern Gelaſſes für ſich und ſeine Freunde, eine ſehr anſehnliche Summe.

Das Schif that die Reiſe nach O.Taheiti, von welcher Doktor Hawkesworth die bekannte Beſchreibung aus Cook's und Herrn Banks Handſchriften herausgegeben hat.

Solche Reiſen auf kleinen Schiffen in brittiſchem Dienſt ſind für den Commandeur immer ſehr vortheilhaft, weil man ihm gemeiniglich das einträglich Amt eines Sekelmeiſters (Purſer) zugleich mit aufträgt. Er hat nemlich Freyheit, an fremden Orten die Bedürfniſſe des Schifs einzukaufen, und die Zahlung auf die Admiralität anzuweiſen. Selbſt der Verkauf von Toback und Kleidungsſtücken iſt für ihn eine Quelle eines beträchtlichen Vortheils, welches alles Cook ſo wohl zu nützen wuſte, daß ihm dieſe Reiſe wenigſtens 3. 4000 Pfund in allem eingebracht hat.

Auf

Auf O. Taheiti selbst kam ihm nun sein Umgang mit den Wilden in Canada, Neufunland und Labrador sehr zu statten. Er wuste mit diesen freylich gesitteterh Völkern so umzugehen, daß er sich ihren Respect zugleich mit ihrem Zutrauen erwarb. Es kam auch unter ihm auf dieser Insel nie zu den Ausbrüchen von Grausamkeit, denen dieses wehrlose Volk, so oft ohne Noth, von den Waffen gesitteter Europäer ausgesezt war. Der Eindruck, den dieses auf die Taheitischen Einwohner machen muste, war um so lebhafter, als ihnen damals noch die Beyspiele so vieler von den Franzosen ermordeten Mitbrüder in frischen Andenken waren. *)

Ausser

*) Es scheint also, daß es den Gefährten eines Bougainville nicht genug deuchte, daß ihre Vorfahren Blutvergiessen unter diesen unschuldigen Völkern stifteten: sondern, um den Mord zu verewigen, führten sie noch das zu O. Taheiti unbekannt gewesne Gift der Liebe ein. (S. Chronologen. III. Band, Seite 251) — Welche Zeiten! — Welche Sitten! — Eine fremde Insel, in der Mitte des achtzehnten Jahrhunderts, durch Europäer von einer lasterhaften Krankheit angesteckt! — Schuldlose Menschen von ihren sogenanuten Beschützern auf ewig elend gemacht! — diß ist das Siegel, welches man der neuen Herrschaft über O. Taheiti aufgedrückt hat.

Anmerk. v. Verf. d. Chronolog.

Auſſer den Beobachtungen, welche der eigentliche Zweck der Reiſe waren, nehmlich des Durchgangs der Venus durch die Sonne und der geogra-
phiſchen Lage der Inſel O-Taheiti, wurde dieſelbe auch von Herrn Cook ganz umſegelt und aufgenommen, ſo wie er auch alle die benachbarten
Inſeln in Charten brachte.

Auf der Reiſe von hier nach Süden entdeckte
er, daß Neu-Seeland aus zwo beträchtlichen Inſeln zuſammengeſezt ſey. Die Meerenge zwiſchen
beyden wurde daher Cook's Meerenge genannt. Er
ſah auch die ganze öſtliche Küſte von Neuholland in
einem Strich von beynahe 30 Graden Breite, und
entwarf darüber beſſere und genauere Seekarten,
als wir noch vor kurzem kaum über einige Küſten
von Europa beſeſſen haben.

Auf dieſer Tour war es, wo ſein Schif 24
Stunden auf Corallenklippen hieng, und ſich in einer der ſchrecklichſten Lagen befand, die ſich bey einer ſolchen Reiſe befürchten laſſen. Ich mus hier
den Leſer, dem dieſe Geſchichte noch nicht bekannt iſt,
auf die Hawkesworthiſche Beſchreibung dieſer Reiſe verweiſen. Sie ganz herzuſezen, fehlt hier der
Raum, und auch der beſte Auszug würde ſie verderben.

Man

Man hörte während der ganzen Reise kein ängstliches Schreyen und keinen Laut von Verzweiflung auf dem Schif: man erwartete sein Schicksal mit dem sich allen mittheilenden Muth des standhaften und unerschrockenen Mannes, der es führte.

Die Reise von Neuholland ab durch einen Strich des Meers, den vermuthlich vor ihm nie ein englisches Schif gesehen, und den auch nur allein ein Mann wie Cook, von der Vorsichtigkeit, der brennenden Begierde nach Ruhm und dem fast an Hartnäckigkeit gränzenden Beharren in einem einmal gefaßten Vorsaz, befahren konnte, ist unstreitig eine der glorreichsten Begebenheiten seines Lebens.

Drey Monate lang muste er sich, mit dem Senkbley in der Hand, durch eine Kette von Klippen durchtasten, die seinem Schif jeden Augenblick den Untergang drohete. Das Senkbley wurde einmal auf einen Strich von 220 deutschen Meilen, ganz im eigentlichen Verstand jede Minute ausgeworfen; dann oft, wann sie die fürchterlichsten Brandungen nahe vor sich sahen, konnten sie dem ungeachtet mit 120 Lachter Faden keinen Grund finden. Jene Corallenklippen schienen also als wahrhafte Corallenzinken, wie Thürme und Mauern senkrecht aus dem

Ver

Boden des Meers heraufzusteigen, an denen das
Schif in dem Augenblick zu Trümmern gehen kan,
da man über einer sichern unergründlichen Tiefe zu
schwimmen glaubt.

Diese Gefahren wuchsen oft so an, daß sie sogar
einmal in einer Lage, die sie kurz zuvor für eine der
gefährlichsten gehalten hatten, gerne wieder Schutz
suchten, um nur dem augenblicklichen Untergang zu
entweichen. Dabey zog ihr Schif izt soviel Wasser,
daß nur allein Leute in ihrem Zustand, die durch so
viel gegenwärtige Gefahren für jede etwas entfern-
tere unempfindlich gemacht wurden, ruhig dabey
bleiben konnten.

Indessen alle Schwürigkeiten wurden überwunden, und Capitän Cook entdeckte endlich die
Meerenge, welche Neuholland von Neu Guinea
trennt. *)

So sehr sich nun auch Cook's Unternehmung einem glücklichen Ende zu nähern schien, so hätte doch
der ihm nöthige lange Aufenthalt in dem ungesun-
den Batavia seinem Schifsvolk, den mitreisenden
Gelehr-

---

*) Die Unbekanntschaft mit derselben hätte dem Herrn
Bougainville, bey seinem grossen Mangel an Lebens-
mitteln, fast den Untergang zugezogen.

Gelehrten und ihm selber tödlich werden können.
Der gröste Theil wurde von Faulfiebern und Diar-
höen angefallen, an denen mehrere wegstarben.

Bey dem Vorfall mit dem Matrosen, *) der von
einem holländischen Schif nach Cooks Schif deser-
tirte, und den Hawkesworth im 10 Kap. des III
Buchs seiner Reisebeschreibung erzählt, mus folgendes erinnert werden, weil es uns den Weltumsegler
von einer neuen Seite zeigt, und einen Zug in seinem
Charakter sehen läßt, der, mehr oder weniger, nachher Ursach an seinem Untergang gewesen ist.

Cook hatte diesen Menschen, während so viel seiner Leute krank lagen, einmal gebraucht, sich in seiner Pinasse vom Schif ans Land rudern zu lassen.
Als er ausgestiegen war, blieb dieses Boot noch etwas am Wasser liegen, weil es einige zur Reise nöthigen Sachen an Bord mit zurücknehmen sollte.
Hier erblickte man den Matrosen in demselben.

Gleich

*) Der Matrose, von dem hier die Rede ist, hieß Ma-
ra, und war ein Irländer, that nachher mit Cook
die zwote Reise, wollte in O-Tahiti zurückbleiben,
und sprang daher über Bord, als man dem Könige
O-Tuh zu Ehren die Kanonen bey der Abreise löste.
Er wurde aber entdeckt und wieder an Bord gebracht.
Bey seiner Ankunft in England schrieb er die Nachricht von dieser Reise in 8, wie ebenfalls ins Deutsche übersezt ist.

Gleich kam ein holländischer Corporal mit 4 Soldaten, um ihn wegzunehmen. Einer von Capitän Cooks Seeleuthen aber, der sich mit ím Boot befand, lief dem Capitän, der kurz zuvor ausgestiegen und weggegangen war, eiligst nach, und erzählte ihm was vorgieng.

Cook kam zurück ans Boot, als eben die Holländer nach einem harten Wortwechsel, womit sie nichts ausgerichtet hatten, zur Gewalt schreiten wollten. Er fragte den Corporal, was er da mit seinen Leuten wolle? Ich habe Ordre, antwortete der, diesen Deserteur wegzuholen. — Untersteht euch nur, sagte Cook; und als der Corporal zudrang, zog er sogleich seinen Degen und rief ihm zu, er sey des Todes, wann er nur noch einen Schritt näher käme.

Als nun hierauf wirklich der Corporal wieder ruckwärts von Gewalt zum Wortwechsel schritt, wurde dem Capitän auch dieses zuviel, rennte mit der größten Hize und dem Degen in der Hand, auf ihn loß, und jagte ihn und das ganze Detachement von der Anleg-Brücke eine ganze Strecke in vollem Lauf weg.

Dieser Umstand veranlaßte den Befehl des General-Gouverneurs den Matrosen auszuliefern. Allein.

C 3

kein Cook bestand darauf, der Matrose sey ein Unter-
than seines Königs, und den gebe er nicht heraus.
In der That ist auch ein braver englischer Seekapitän gewiß der lezte Mann, der bey einer solchen Gelegenheit seinem Könige und Vaterland und sich etwas vergiebt, am allerwenigsten gegen einen Holländer.

Man fand auch endlich in Batavia, daß mit
dem entschlossenen Mann, ob er gleich seine meisten
Canonen auf den Corallenklippen bey Neuholland
hatte sizen lassen, und seine Artillerie gröstentheils
in ein paar Drehbassen zum Salutiren bestund,
nichts auszurichten seyn möchte, und die Sache
wurde so, wie sie Hawkesworth erzählt, beygelegt.

Freilich war diese That allemal verwegen. Hätte er in dem Corporal einen ihm ähnlichen Mann gefunden, so hätte ihn hier schon das Schicksal treffen
können, das ihn 9 Jahre hernach auf O-Why-
He *) bey einer ähnlichen Gelegenheit traf. Allein
es ist glaublich, daß er dem Corporal sehr bald seinen Mangel an Entschliessung bey einer wichtigen Sache angemerkt, und daher gegen ihn mit so
grosser Kühnheit und Entschlossenheit gehandelt hat.
Kaum

*) So heißt die Insel, die in den **Chronologen** irriger-
weis Sandwichs Island genannt wird.
Anmerk. v. Verf. d. Chronol.

Kaum war Cook von seiner Reise zurückgekommen, so wurde er vom Lord Sandwich dem Könige vorgestellt, der ihn sehr gnädig aufnahm. Er wurde zum commandirenden Schifsmeister (master and commander) ernannt: ein Rang, der zwischen dem Lieutenant und den Capitän fällt.

Vielleicht steht hier, und zumal bey iziger Zeit, eine kleine Vergleichung zwischen dem Rang der See- und Landoffizire im englischen Dienst nicht am unrechten Ort. *) Der commandirende Schifsmeister hat den Rang von einem Major: so wie der Schifslieutenant den von einem Capitän der Landmacht.

C 4   Der

*) Und dieser Vergleichung des Rangs stehet vielleicht eine Vergleichung der Verdienste nicht unschicklich zur Seite. „Die Fähigkeiten, welche zu einem ergänzten Seemann erfordert werden, sind folgende. Geographie, Astronomie, Schifsbaukunst, Seglationskunst, Staatenkenntniß, Sprachen, Naturkunde, Handlungswissenschaft, Mechanik, Taktik, Geschichte, Artilleriewissenschaft, Physik und Mathematik im ausgedehntesten Begrife, Cosmographie, und Politik. Neben dem muß er einen gesunden und festen Körper, einen geöfneten Geist, die Geduld eines Lazarus und die Herzhaftigkeit eines Cäsars besitzen. Mit einem Wort, er muß so viel Kentnisse vereinigen, wovon jedes alleinig das Verdienst oder das Glück eines Offizirs zu Lande machen kan. The english Shipper III Band, Seite 4). Anmerk. v. Verf. d. Chronolog.

Der Seekapitän steht in den drey erften Jahren nach seiner Ernennung mit dem Obristlieutenant gleich: nach Verlauf dieser Zeit aber ist er soviel als Obrister. Die Commodore find Brigadiers. Die Rear Admirale (Schout by Nacht) Generalmajors, und die Vice Admirale Generallieutenants. Endlich sind die Admirale der verschiedenen Flaggen den Generalen der Infanterie oder Cavallerie gleich. Ein Vice Admiral von Großbrittanien aber dem Commandeur en Chef aller brittischen Truppen.

Man hatte nicht lang nach dieser Zeit vernommen, daß die Franzosen auch einige Entdeckungen gemacht hätten, und fand, als man die Seecharten untersucht, daß überall in Süden ein grosses ohnerforschtes Meer übrig war, wo noch grosse Länder uns unbewußt liegen könnten. Der König beschloß diesen Punkt, der Erdbeschreibung zum Besten, aufklären zu lassen, und Cook wurde auch zu dieser Unternehmung wieder ausersehen.

Anstatt Eines Schifs wurden aber nun zwey ausgerüstet. Das eine, welches Cook commandiren sollte, war Anfangs zum Kohlenhandel bestimmt, wurde hierauf nach Rußland geschickt, um gegen die Türken gebraucht zu werden, kam aber von da wieder

der

ter zurück, weil es in Petersburg keinen Beyfall erhielt und nun kaufte es die Admiralität zu der neuen
Reise. Es war von 480 Tonnen, rund und stark ge-
baut, konnte also mehr ausstehen, als die nach Fre-
gattenart, gegen den Kiel zu scharf gebauten Schife,
und hatte ausserdem viel Gelaß. Man nannte es die
Resolution, und gab demselben oben auf dem Hin-
terverdecke noch eine Kammer oder Cajüte für den
Kapitän, weil Herr Banks, der nebst Dr. Solander
und vielen andern Gehülfen mitzugehen gedachte, die
Cajüte selbst einnehmen sollten.

Das andere Schif war kleiner, von 340 Ton-
nen, bekam den Nahmen Adventure, und wurde
Herrn Tobias Fourneaux *) als commandirendem
Schifsmeister auvertraut.

Herr

*) Dieser Herr Fourneaux hatte vorher als zwepter Lieu-
tenant mit Capt. Wallis schon die Reise um die Welt
gemacht und O : Taheiti besucht. Nach Cook's Zurückkunft im Jahr 1775 ward er mit demselben zugleich zum Schifscapitán ernannt, und bekam die
Fregatte Sirene von 28 Canonen zu commandiren,
die er auch nach Amerika führte. Hier hatte er das
Unglück, daß sein Schif in einem Sturm nicht weit
von Rhode : Island auf Klippen gerieth und scheiterte. Ein Theil seiner Leute wurde von den Ame-
rikanern gefangen, und viele verunglückten. Er
selbst entkam in einem Boot nach Rhode : Island.
Dieser Vorfall machte den brafen Mann gleich An-

C 5
fangs

Herr Banks mit seinen Freunden und Gehülfen gieng indessen nicht mit. Er hatte nehmlich ein Schif verlangt, das mehrern Raum hätte, und dieses zu erhalten sezte Schwürigkeiten von allerley Art, worüber er endlich seinen Vorsaz aufgab. Nun fiel die Wahl auf Herrn Dr. Forster, der den Antrag unter sehr vortheilhaften Bedingungen annahm, und sich seinen Sohn zugleich als Gehilfen und Zeichner zugesellete; und im Julius 1772 segelten beyde Schiffe endlich ab.

Man hatte sich hauptsächlich mit allerley noch unversuchten Mitteln wider den Scharbock und andere Seekrankheiten versehen, die unter allen Uebeln, so solche Reisen begleiten, doch immer die fürchterlichsten sind; allein eine Haupturfache derselben wurde durch Herrn Dr. Forster gehoben.

Gleich-

fangs tieffinnig, und in dem Zustand kam er zu seinem Bruder in Devonshire. Das Uebel nahm bald zu. Man brachte ihn nach London, wo er sich des Raths vieler Aerzte, hauptsächlich des Dr. Monro bediente, der in Krankheiten dieser Art vorzüglich glücklich ist. Allein es war Alles vergeblich: er wurde völlig wahnwizig zu seiner Familie nach Devonshire zurückgebracht. Dieses ist das Schicksal eines, wie alle bezeugen, die ihn gekannt haben, gutmüthigen, geschickten und tapfern Mannes.

Gleich Anfangs bemerkte er nehmlich einen Ge-
ruch, wie faule Eyer, unten im Schife.   Ihm, als
Passagier, war dieses neu. Er fragte also einen Matrosen, woher das komme? Es käme vom Bilgevva-
ter (dem stehenden Wasser im Schifsboden) antwortete der, als von etwas längst Bekannten, und
einer Sache, die sich nicht heben ließe.   Dr. Forster
schlug, nach physischen Gründen vor, die Luft in
Pumpenbrunnen ganz im Boden des Schifs durch
Feuer zu verdünnen; welches bald einen Zufluß
von frischer Luft verschaffen, und dem faulen Ge-
ruch mit allen seinen Folgen vorbeugen müste. Sein
Rath wurde befolgt, und die ganze Reise über verspührte man keine üble Wirkung von dem Wasser
im Pumpbrunnen mehr.

Man hatte 60 Faß Sauerkraut mitgenommen,
davon wöchentlich dreymal ein halbes Quart auf jeden Mann ausgetheilt wurde, und weil man es an
des Capitän Tafel täglich aß, so trug der Matrose
kein Bedenken, es auch zu essen, da es dann durch
seine gegohrne vegetabilische Säure der Fäulniß am
besten widerstund und den Scharbock verhütete.

Doch diese Umstände und andere, wodurch diese
Reise eine der merkwürdigsten wurde, indem in den
drey

drey Jahren, die sie gedauert, von 120 Menschen
nur Einer eigentlich an einer Krankheit gestorben,
sind bereits bekannt.   Wäre durch diese zwote Reise
auch nichts entdeckt worden, als diese Mittel dem
Scharbock auf Schifen so kräftig zu widerstehen, so
wäre diese für die Menschlichkeit so wichtige Entde-
kung allein schon ein genugsamer Ersaz für alle den
Aufwand von Mühe und Geld, der deswegen ist
gemacht worden.

, Die königliche Societät der Wissenschaften
gieng auch zu dem Ende von ihrer Vorschrift, des
Ritter Copley goldene Medaille nur denen zu geben,
die die beste Ausarbeitung über irgend eine philosophische Materie, oder neue merkwürdige Versuche und grosse nüzliche Entdeckungen einliefern,
dißmal gewissermassen ab, und gab sie Herrn Cook,
dessen Verdienst doch hiebey eigentlich nur darinn
bestund, daß er den Gebrauch der vorgeschlagenen
Mittel nicht hinderte.

Allein wer bedenkt, daß neue und nüzliche Erfindungen meistens schon ihre baare Belohnung mit
sich bringen, entweder Geld oder Ruhm; oder beydes; und daß hingegen die Ueberwindung von frü-
he eingesognen Standsvorurtheilen, die, so bitter
sie auch der Eigenliebe schon an sich ist, es nach mehr
durch

durch die damit verbundene Verachtung Anderer un-
feres Gleichen wird, nach denen wir uns von Jugend auf gemeffen haben, daß diefe, fage ich, entweder eine Belohnung felten findet, oder doch nur eine,
die dem Ueberwinder felten fchmeckt, der wird das
Urtheil der königlichen Societät willig unterfchrei-
ben und bekennen müffen, daß auch diefes Verdienft
von Cook einer goldenen Medaille würdig war.

Während diefer Reife befuhr Cook das füdliche
groffe Weltmeer zwifchen dem 60ften Grad füdlicher
Breite und dem Polarzirkel. Eine Fahrt, die wegen
der beftändigen Gefahren, womit fie verbunden ift,
nicht leicht einem andern wieder gelingen wird. Die
häufigen Schneegeftöber und Nebel machen, daß
man in diefen Gewäffern felten über einige hundert
Lachter vom Schife ab etwas unterfcheiden kan, und
daher in beftändiger Gefahr fchwebt, gegen einen
von den fo häufigen Eisbergen diefer See zu rennen,
indem man nicht felten kaum fo viel Zeit hat, wenn
man fie erblickt, denfelben noch mit dem Schife aus-
zubeugen. Allein auch die Fahrt zwifchen diefen
fchimmernden Eilanden wurde nüzlich.

Man hat vormals wohl gefagt, daß oben auf
diefen ungeheuren Eismaffen ftehende Seen von füf-

fem

sem Wasser sich befänden, die sich in Ströhmen und Bächen herab ins Meer ergößen, allein davon ließ man nicht, daß irgend ein Schiffahrer das schwimmende Eis aufgefangen, geschmolzen und statt süssen Wassers gebraucht habe. *)

Land ist innerhalb des südlichen Polarzirkels und dessen Nachbarschaft nicht gefunden worden, welches Dr. Forster als die wahrscheinliche Ursache der grössern Kälte jener Gegenden angiebt.

Angemerkt zu werden verdient hier, daß Cook zuweilen 16 Wochen, ohne Land zu sehen, die See hielt, ohne die fürchterlichen Folgen des Scharboks zu erleben; und ohne grossen und gefährlichen Krankheiten mit seinem Schifsvolk ausgesezt zu seyn, oft innerhalb 4 Wochen aus einer Kälte ☩ 27 Graden des Fahrenheitschen Thermometers in eine Wärme von 70 lief, und also bewies, daß es hiemit auf der See auch keine schlimmere Beschaffenheit habe, als auf dem vesten Lande.

So

*) Cranz in seiner Geschichte von Grönland behauptet sogar, das Tafeleis sey salzig, welches in der antarktischen See zuverlässig nicht ist, wahrscheinlich also auch in der nördlichen nicht.

So gehet um Archangel und Tobolsk das Wetter oft in wenig Wochen vom Gefrieren des Wassers zur gröſten Hize über, und innerhalb 3 bis 4 Wochen nach Abſchmelzung des Schnees iſt das Gras ſchon wieder ſo hoch, daß es den Kühen an die Bäuche reicht, und doch ſind beyde Gegenden geſund und für ſo kalte Erdſtriche noch ſehr volkreich.

Bisher hatte Cook auf ſeiner Reiſe immer einer guten Geſundheit genoſſen. Jezt wurde er gefährlich krank, und zwar aus einer Urſache, aus welcher wohl ſelten Befehlshaber von Schiſen erkranken. Er wollte durchaus nicht beſſer ſpeiſen, als der letzte ſeines Schifvolks.

Er nahm daher nie Federvieh mit auf die Reiſe, oder er hatte deſſen ſo wenig, daß es nicht verdient genannt zu werden. Er aß beſtändig das harte zähe Pöckelfleiſch mit weg; allein zulezt hielt es ſein Magen nicht mehr aus. Er bekam heftige Verſtopfungen und ein Gallenfieber. Lange verſchwieg er ſein Uebel vor den Leuten, und ſuchte ſich durch faſten zu heilen; allein das half nichts: er wurde immer ſchwächer und konnte endlich nicht mehr aus dem Bette ſeyn,

Es war ein rührender Anblick, zu sehen, wie alles trauerte sobald der Mann lag, der sich durch Erfahrung und Vorsicht im Seewesen, seine beständige Fürsorge und durchaus einförmiges Betragen gegen sein Schifsvolk in eine Art von väterlichem Credit gesezt hatte. Selbst die Ursache der Krankheit vermehrte den Antheil, den jeder an derselben nahm. Man konnte auf jedem Gesicht Besorgung und Aengstlichkeit lesen, so lang er in Gefahr war.

Er hatte grosse Schmerzen, keine Oefnung und keine Kräften mehr, und endlich stellte sich sogar ein gefährliches Schlucken ein, das 24 Stunden dauerte; aber endlich doch durch warme Bäder überwunden wurde. Nachdem er sich wieder etwas zu bessern anfieng, hatte man nichts, das seinem Magen hätte bekommen und Nahrung und Kräfte geben können. Endlich wurde ein treuer Otaheitischer Hund von Dr. Forster aufgegeben und geschlachtet, um dem kranken Capitän stärkende Brühen daraus zu bereiten, mit deren Hilfe man ihn auch wirklich solang hinhielt, bis man Inseln erreichte und wieder neue Erfrischungen, Hünerfleisch und nahrhafte Früchten bekam.

Den Umständen also, daß ein einziger Hund im ganzen Schif noch am Leben war, daß derselbe dem

Capi-

Capitän aufgeopfert wurde, daß er in der vorigen
Reise gelernt hatte, daß Hunde eine gute, nahrhafte und wohlschmeckende Speise geben, hatte also
dißmal das Schifsvolk das Leben seines vortreflichen Capitäns zu danken.

Nachdem er in der Südsee zum zweitenmal sich
den Wendezirkeln näherte, sah er die vom Admiral
Roggewein entdeckte Paaschen - oder Oster - Insel,
welche auch von den Spaniern 1770 im Schife
San Lorenzo und der Fregatte Rosalia unter dem
Befehl des Capitän Don Felippe Gonzalez besucht
worden. Er fand wenig oder keine Erfrischungen
und nur schlechtes Wasser und eilte daher nach bessern Gegenden, nehmlich nach den vom Spanier
Mandana entdeckten Inseln, die derselbe Las Mar-
quesas de Mendoza genannt hatte. Er fand sie und
sah noch eine kleine Insel mehr.

Nach einem Aufenthalt von wenigen Tagen
gieng er zum zweitenmal nach O - Taheiti und sah
unterwegs ein Paar kleine, flache Inseln, die noch
von wenigen waren gesehen worden. In O.Reye-
da hörte er, es wären zwey Schife in Huaheine an-
gekommen. Anfangs glaubte er, es wäre eine von

5er Band.   D   den

den Einwohnern erfundene Fabel; allein am Cap erfuhr er nachher, daß es spanische Schiffe gewesen.*)

Auf der Reise nach den freundschaftlichen Inseln
sah er ein Paar kleine unbedeutende Eilande. In
Roterdam und Namoka blieb er einige Zeit, und bald
darauf sah er die von Bougainville gesehenen und
vor dem schon von Quiros entdeckten Inseln. Er
fand südwestlich von denselben noch andere, denen er
zusamm dem Nahmen der neuen Hebriden beylegte.

Hierauf wurde Neu-Calcedonien, eine 240
brittische Seemeilen lange Insel, von ihm entdeckt,
und auf dem Wege von da nach Neu-Seeland ein
kleines wüstes Inselchen, das er der verstorbenen Herzogin von Norfolk zu Ehren die Norfolks-
Insel nannte.

Von Neu-Seeland aus nahm er einen nie besuch-
ten Weg über die unermeßliche Südsee nach dem Cap
Horn zu, und legte in 6 Wochen eine Strecke von
1500

*) Von diesem Umstand giebt der Herr Professor For-
ster im I Band des Göttingischen Magazins, unter
der Rubrik O-Tahiti, eine bestimmtere, und zur allgemeinen Entdeckungsgeschichte von O-Tahiti gehörige Nachricht.
    Anmerk. d. Verf. d. Chronologen.

1500 Seemeilen zurück. Am Cap Horn fand er das schönste Wetter und hier gänzlich unerwartete Windstillen.

Der Capitän und seine gelehrte Tischgesellschaft, die beyden Herren Forster, und Dr. Sparrmann *) fanden auf Tierra del Fuogo zum leztenmal eine Gelegenheit, durch eine sehr gefährliche Jagd dem ganzen Schifsvolk zu frischem Fleisch zu verhelfen, und allen Gliedern dieser Gesellschaft war es eine rührende Freude, einer Menge von 120 Menschen Speisen zu verschafen, die ihnt nach dem so lang ununterbrochenen Genuß des fast drey Jahr alten Pöckelfleisches, zugleich die angenehmste Abwechslung und die gesündeste Nahrung gewährten.

Ueberhaupt verdient hier bemerkt zu werden, daß diese Tischgesellschaft auf der ganzen Reise sehr willig ihr erlegtes Federvieh mit dem übrigen Volk theilte und die Kranken vorzüglich damit versah. Diese Sorgfalt machte den Capitän bey seiner sonstigen

D 2   Stör-

*) Derselbe, welcher auf seinen Jagden in Afrika zwey neue Thiere entdeckt, womit er die Naturkunde unter dem Nahmen Honigweiser bereichert hat. Honigkukuk — Cuculus indicator — und den Ratteldachs — viverra mellivora.)
Anm. v. Verf. d. Chronolog.

Störrigkeit und oft unfreundlichem Wesen bey den
Leuten sehr beliebt. Man gieng mit Muth in die
gröste Gefahr und an die sauerste Arbeit bey Frost,
Nässe und Mangel an gesunden und nahrhaften
Speisen. Die übrigen Offiziers am Bord waren
nicht so gütig; sie behielten ihren Vorrath für sich.

Nach Verlassung dieser öden Gegenden, die einem ungewöhnten Aug schröcklich und grausend dün-
ken, kamen die Inseln von Süd-Georgien und Sandwich Land zu Vorschein, gegen welche selbst Staa-
tenland und Tierra del Fuogo wieder Paradiese
sind. Eis und Schnee bis an den Himmel aufge-
thürmt, und nahe an der See einige niedrige unbe-
deckte Klippen, wo in einer kleinen Vertiefung nur
Ein Gras (Dactylis glomerata) und eine südliche
Pflanze (Ancistrum decumbens) kümmerlich wuchsen, und wo nur schwerfällige Pinguinen und Seelöwen (Phoca jubata) sich langsam bewegten, war
Alles was das Aug erblickte.

Nun war es wohl *) ausgemacht genug, daß
ausser diesen zwey unbedeutenden Eilanden, im südlichen

---

*) Wenigstens bis zur Stunde worinn wir leben. —
Dann nichts ist, zufolg der unfehlbarsten Grundsäze
der Naturgeschichte, ausgemachter, als daß die Erde
einer

chen Weltmeere kein ander Land mehr zu finden sey. Dann man hatte nun die ganze Tour gemacht, und tiefer nach Süden einzudringen war wegen des Eises unmöglich. Da aber noch einige Offiziere glaubten, daß doch noch da Land seyn möchte, wo Cook im Jahr 1772 das erste Eis gesehen hatte, etwas östlicher als Bouvets vorgebliches Land: so gieng Cook, um der Verläumdung allen Weg abzuschneiden, künftig einmal Vorwürfe von Nachlässigkeit, selbst nur auf Muthmassungen gegen ihn zu gründen, auch noch über den Strich See wo Bouvet Land wollte gesehen haben, aber eigentlich Eis gesehen hatte. Allein man fand nun weder Eis noch Land, und wo 1772 unzählige Eismassen herumtrieben, fand man auch nicht eine Scholle.

Bey seiner Ankunft am Cap konnten die englischen Ostindienfahrer, die dort lagen, und die gemeiniglich eine ganze Menagerie von gemästeten sinesischen Wachteln, Gänsen, Hünern u. a. m. in Käfi-

D 3　　　　　　　gen

einer ewigen Veränderung ihrer Gestalt unterworfen ist, und daß nach Jahrtausenden eben so viel neue Entdeckungen sich ereignen werden, als man seit den Millionen Säkuln, die sie alt ist, zält. Einst waren der Nil und der Phasis die Gränzen der bekannten Welt.

Anm. vom Verf. d. Chronolog.

gen mit sich führen, um ihre Pasteten damit zu fül-
len, nicht begreifen, daß ein Mann 28 Monat in
See gewesen seyn könne, ohne auch nur einen einzi-
gen von Europäern bewohnten Hafen besucht zu haben. Die Geschichte schien ihnen ein Roman. Sie
dachten, man bediente sich blos der Freyheit der
Reisenden, Unwahrheiten zu erzählen, als man ihnen sagte, man habe indessen Seeraben, Albatrosse,
Sturmvögel, Pinguinen, Seebären und Seelöwen
gespeißt, und mit unter auch wohl einmal Hunde
und Hayfische, und nichts konnte sie überzeugen, als
die langen Gesichter, die sie an Bord fanden, und die
ungeheuchelte Begier, mit welcher izt Alles ver-
schlungen wurde.

Auch unsern Lesern, die vermuthlich billiger
sind, als jene Ostindienfahrer, können wir doch eine kleine Geschichte nicht verschweigen, woraus sie
sehen werden, was für frisches Fleisch man zuweilen auf Cooks Schif speißte, und was für Wild auf
denselben gejagt wurde, wann es sonst keines
zu jagen gab.

Ein alter Quartiermeister (der ehrwürdige
Graukopf verdient, daß man ihn nennt) Nahmens
John Ewel hatte eine Lieblinskaze. Die brachte
ihm alle Morgen eine feine Ratte, die sie unten im

Schif

Schif fieng. Mit diesem Leckerbissen hielten es die beyden Freunde folgendergestalt. John Elvel zog ihr das Fell ab, nahm sie aus, und briet sie—. Wann alles fertig war, so erhielt die Kaze erst die äussern Theile und auch wohl einige kleine Bissen vom Rumpf, und alsdenn as John Elvel das übrige.

An dem Cap sah Cook den lebhaften Capitän Crozet, welcher den Ajax, ein Schif im Dienst der französ. ostindischen Compagnie führte, und mit Capitän Marion in Neu Seeland gewesen war, der das Unglück hatte, von den Einwohnern nebst 28 Seeleuten erschlagen und aufgefressen zu werden.

Crozet's freundlich gefälliges Wesen, einige gerechte Lobsprüche auf Cook's Verdienste, und eine herablassende zuvorkommende Visite, machten, daß Cook diesen Franzosen lieb gewann, und ihn nebst seiner ganzen Menge von Offizieren zu Gast bat.

Hingegen Don Juan Arraos, der spanische Capitän der Fregatte Juno, der als Spanier wenig zuvorkommend, etwas mehr zurückhaltend und ernsthaft war, gefiel dem Capitän Cook gar nicht. Hiezu kam noch, daß Arraos sich eben von einer schwehren Krankheit erholt hatte, und daher alles Ceremo-

D 4. niel

niel, das ihm hätte Zwang anthun können, vermied,
ob er gleich immer sehr freundlich war. Allein bey
Cook's Abreise überraschte ihn der zurückhaltende
Spanier mit einer Höflichkeit, die er gar nicht erwartete, und nach seinem Betragen und Stand gar
nicht erwarten konnte. Er begrüßte nemlich als
Capitän einer Fregatte von 30 Canonen den commandirenden Schifsmeister einer armirten Scha-
luppe von 20, mit Neun Canonschüssen. Dieses
schmerzte den Cook, und erregte zu spät den Wunsch
bey ihm, mit dem edeldenkenden Spanier Bekannt-
schaft gemacht zu haben, wozu auch derselbe nicht
undeutlich, wiewohl vergeblich, Neigung zu er-
kennen gegeben hatte.

Eine kurze Zeit nach seiner Zurückkunft wurde
Cook nunmehr zum wirklichen Capitän der Flotte
erhoben und bekam eine Stelle beym Hospital zu
Greenwich, wo er nun sein übriges Leben in Ruhe
zuzubringen hofte.

Allein während Cook's Abwesenheit hatte man
auch eine Unternehmung zur Erforschung der nördlichen polarischen Gewässer angestellt, in welcher Capitän Philipps (iziger Lord Mulgrave), wie man weiß,
nicht sehr glücklich war. Herr Daines Barrington
Bruder des Lords und Admirals gleichen Namens,
hatte

hatte in einer kleinen Schrift Zeugnisse gesammelt, die beweisen sollten, daß vordem Schife viel weiter nach Norden gedrungen, als Lord Mulgrave und selbst dem Pole nah gekommen seyen.

Diese Schrift wurde durch Partheygeist von den Transaktionen ausgeschlossen. Barrington ließ sie besonders drucken, mit neuen Zusäzen. Er wollte sich rächen und suchte es dahin zu bringen, daß durch eine Parlamentsakte dem, der eine nördliche Durchfahrt aus der Südsee ins atlantische Meer finden würde, eine Belohnung von 20000 Pfund Sterling gegeben werden sollte, und noch 5000 mehr, falls er sich bis auf Einen Grad dem Nordpol nähern würde.

Nun schlug Barrington abermals den Capitän Cook zu dieser Expedition vor, auf welcher man den bekannten Omai nach Taheiti zurückzubringen, und alsdenn die Durchfahrt zwischen Asien und Amerika ausfindig machen sollte.

Der Ehrgeiz, die Beharrlichkeit und Gewinnsucht des Capitän Cook waren Herrn Daines Barrington eben soviel Triebfedern, von denen er sich den glücklichsten Ausgang versprach, wann die Sache nur

D 5   irgend

irgend möglich wäre. Die Rolle, die er bey der ganzen Unternehmung spielte, war überdas beneidens-
werth. Er konnte sich an seinen Gegnern rächen,
und erschien dabey als ein Mann, der eine der grösten Unternehmungen der neuern Zeit begünstigt
hatte.

Zwey Schife wurden ausgerüstet, die alte Resolution,*) unter Coo'ks Commando und ein neues
Schif, die Discovery, welches dem Capitän Clerke
anvertraut wurde, der nunmehr seine vierte Reise
um die Welt antrat.

Im Julius 1776 stachen sie in die See und am
9 November desselben Jahrs verliessen sie das Cap
der

*) Kapitän Cook hat sich ausdrücklich die alte Resolu-
tion zu dieser Reise wieder aus. Sie schien völlig
invalid zu seyn, und die Admiralität hatte den Gram-
pus, welcher im gegenwärtigen Kriege auf der Höhe
von Terre neuve versank, dazu bestimmt. Allein es
gehört zur Doktrin von den Gebräuchen der See, zu
wissen, daß jeder Anführer und die ganze Equipage,
eben dieselbe Leidenschaft für sein Schif hat, die bey
uns ein Reuter für sein Pferd zeigt. Er ist von seinem Schif eingenommen, er giebt ihm die schmeichel-
haftesten Nahmen, er lebt und stirbt mit demselben:
gerade so sehr, wie ein europäischer Dragoner oder
ein arabischer Stallmeister in sein Pferd verliebt ist.
Anm. vom Verf. der Chronolog.

der guten Hofnung. Cook hatte indeffen seine Aufsäze über die vorige Reise zur Verbefferung dem Dr.
Douglas, Canonikus von Sankt Paul in London
anvertraut, und Herrn Strahan, königlichen Buch-
drucker und Herrn James Stuart, der die Beschreibung von Athen herausgiebt, die Besorgung der
Herausgabe seiner Reise übergeben, unter deren
Aufsicht sie auch im May 1777 erschien.

Alles was wir nun von der lezten Reise wiffen,
ist durch die englischen Zeitungen, vorzüglich aber
durch die Briefe des Herrn Pallas an Herrn Ober-
confistorialrath Büsching, die man in allen Zeitungen auszugsweise eingerückt hat, neuerlich so sehr
bekannt worden, daß wir uns hier mit dem Merkwürdigsten daraus begnügen können.

Vom Cap gieng er gerade aus, um die von Capitän Marion und Kerguelen entdeckten Inseln, welche auf Herrn Professor Forsters Charte der südlichen Meere schon ziemlich richtig angegeben sind, zu
untersuchen. Capitän Cook zweifelte an der Richtigkeit der Entdeckung und hielt das Ganze für eine
französische Erfindung. Die beyden Herren Forster
hingegen waren aus des Capitän Crozet Munde
überzeugt worden, daß er und Kerguelen das Land
wirklich gesehen hatten.

Cook

Cook fand es auch, und gieng von da nach Neu
Holland, Neu Seeland, und den Societätsinseln,
wo er den Omai auf Huaheine absezte. Omai wurde mit einem allgemeinen Freudengeschrey seiner
Landsleute empfangen, und man fand nicht, daß sie
ihn seiner Reisen und Vorzüge wegen beneidet hätten,*) wenigstens nicht während Cooks Gegenwart.

In

*) Die Ursache hievon erklärt das deutsche Museum
(VIII Stück 1776) nach einer englischen Zeitung (Eviden-
ze, July 1776. „Heute geht Omiah (welches aber
„falsch gesprochen ist, und wie der Herr Ver-
„fasser der Nachricht von den Lebensum-
„ständen des Capitän Cook lehrt, durchaus
„Omai heissen mus,) nach Plymouth, um mit Ca-
„pitän Cook und Clerke wieder in sein Vaterland zu-
„rückzukehren. Sie sollten nur sehen, was alles aus
„dem Menschen gemacht ist. Ein Lehrer guter Sitten,
„gesunder Vernunft und brauchbarer Künste für seine
„Landsleute; ein Mann, der mit den gesammten
„nüzlichen Wissenschaften beladen unter seine unwis-
„senden und gutherzigen Landsleute zurückkehren und
„von ihnen mit eben der Ehrfurcht angesehen werden
„wird, wie die ersten Inkas der Peruaner für Abkömm-
„linge der Sonne gehalten wurden, der der Südsee un-
„vergeßlicher werden wird, als je ein Kadmus, Theseus,
„Herkules oder Zoroaster waren. — Ja, Freund, das
„alles hätte er werden können, sollen und müssen.
„Aber er fiel in die Hände gewisser Leute, welche ihn
„in die grosse Welt einführten, und ihn alles lehrten,
„was ihn hier zu einem artigen Maccarone und in
„O-Taheiti unnüz und verächtlich, kurz auf immer
unglücklich

In O. Taheiti ließ er die am Cap eingenommenen Thiere, nemlich einen Bullen und einige Kühe, einen Hengst und einige Stutten, ein Paar Schafböcke und einige Mutterschafe, einen Pfau und einige Pfauhennen ꝛc. ꝛc. zugleich mit einigen Muskatnußbäumen, die er von Neu Holland mitgebracht hatte.

„unglücklich machen muß. Er weiß einen artigen „Reverenz zu machen, mit Anstand zu essen, Thee und „Wein einzuschenken, ein Jagdpferd zu reuten; in „Gesellschaft von Damen ehrerbietig, und unter „Mannspersonen ausschweifend und indiskret zu seyn. „Von Religion, Sitten, Künsten nicht das Mindeste. „Alle Narrheiten und Ausschweifungen von ganz Eu„ropa, das ist, die Ausschweifungen von London, hat „er im höchsten Grad mitgemacht, und soviel Ge„schmack daran gefunden, daß er im höchsten Grad da„von erzählen wird. Er freuet sich über Alles, wie „ein Kind, und plaudert von Allem wie ein Kind, „welches den vornehmen Damen nicht sehr rühmlich ist. „Der öffentlichen Huren nicht zu gedenken, mit denen „er frühzeitig bekannt worden. Er hat alle Taschen „voll Uhren, Ringe, Tabattieren, Portraits von Da„men, Etuits; einige große Kisten voll Spiel, und „Puppenzeug; eine Orgel; eine Elektrisirmaschine; „Feuerwerke — kurz tausend Dinge, die den erwach„senen Kindern in Otaheiti Freude und Erstaunen ma„chen, aber keinen Nutzen bringen werden. Er scheint „nicht ungern zurück zu gehen; das ist aber die Em„pfindung eines Kinds, das nur seine Puppen und neue „Kleider zeigen will. Er nahm mit Thränen Ab„schied.“ (Soweit die Evidence).

Anmerk. v. Verf. d. Chronolog.

hatte. Als die groſſen Thiere aus Cook's Arche
hervorkamen, ſo ſollen ſie von den Einwohnern faſt
angebethet worden ſeyn. Es wurden auch welche
unter die übrigen Inſeln vertheilt.

Gegen Ende des Jahrs ſegelte er nordwärts; erreichte im März des folgenden die Küſte von Amerika, und lief da etwas nordwärts von dem Ort, wo
man auf den Charten Aquilar findet, ein, um ſein
ſtark beſchädigtes Schif auszubeſſern.

Von da ſegelte er, nachdem er viele Stürme
überſtanden, längſt der Küſte von Amerika hinauf,
und verbeſſerte manche Fehler der bisherigen Charten, die ihn überhaupt oft verführt hatten, fand
auch die Meerenge, die Amerika von Aſien trennt *)
wirklich, und fuhr durch dieſelbe hin.

Nach dem Durchgang durch dieſelbe folgte er
immer der Küſte von Amerika, die ſich nun nach
Nordoſten zog, und zweifelte nicht mehr, daß er nicht
das Ziel ſeiner Wünſche erreicht haben ſollte.

Allein

---

*) Die Meerenge, die ſonſt die Straſſe Anian hieß, iſt
von Herrn Oberconſiſtorialrath Büſching nunmehr
ebenfalls Cook's Meerenge genennt worden. S.
deſſen wöchentliche Nachrichten 1786. St. 3. S. 38.

Allein im August 1778 wurde er in einer Breite von 70 Grad 45 Min. und 198 Grad Länge von Greenwich so plözlich vom Eise umgeben, daß er Gefahr lief, von demselben gar eingeschlossen zu werden. Er machte sich aber doch loß; und weil er hier keinen Ausgang sah, auch Land gegen den Pol zu vermuthete, wodurch das Eis seine Festigkeit erhielt: so gieng er nun nach der asiatischen Seite, um sein Glück längs der Küste von Sibirien zu versuchen.

Allein es glückte ihm da eben so wenig, und er muste wieder nach der Strasse zurück, wobey er unterwegs bemerkte, daß beyde Erdtheile in dieser Gegend ein niedriges nackendes Land zeigten, und daß die See zwischen ihnen und nordwärts von der Strasse nicht tief sey.

Auf der Insel Unalaschka überlieferte er einen Brief, der im October 1778 datirt ist, einem Haufen Russen, am Ende desselben er meldet, daß er auch auf dieser Reise bisher nur drey Mann verlohren, worunter einer noch dazu eines gewaltsamen Todes gestorben.

Auf einer Tour von hier südwärts traf er unter dem 200ten Grad östlicher Länge von Greenwich und dem

dem 22ten nördlicher Breite auf einen Archipelagus von Inseln, davon eine auf der de Anvill'schen Charte des Globus als das von Mandana gesehene Land angegeben wird. Und nun mus man erstaunen, es waren Leute, welche an Farbe, Leibesgestalt, Hauptzügen des Gesichts, Sitten und Sprache mit den Einwohnern von O - Taheiti übereinkommen.

So viel man also nun weiß, so ist diese Sprache von Neu Seeland bis zur Oster Insel und von Horn Island bis zu diesen Inseln ausgebreitet. Ja auf den Ladronesinseln finden sich Spuren: so wie im Malaischen. Ein erstaunliches Räthsel für den Forscher der Weltgeschichte, wenn man bedenkt, was für eine schlechte Verbindung die erbärmlichen Fahrzeuge jener Menschen zwischen so entfernten Ländern abgeben.

Auf einer dieser Inseln, O - Why - He, ankerte er in einem Meerbusen, und wurde von den Einwohnern fast göttlich verehrt, und mit allen Erfrischungen die sie hatten, im Ueberfluß versorgt.

Bald nachdem er diese Insel verlassen hatte, nöthigte ihn ein heftiger Windstoß, worinn sein Vordermast plazte, wieder nach derselben zurückzukehren.
Nun

Nun fand er die Einwohner sehr verändert und sehr viel diebischer als vorher. Sie raubten ihm endlich sogar ein Boot. Als er nun, dieses zurückzufodern, sich nach ihrem Oberhaupt hinbegab, übernahm ihn bey einer frechen Begegnung eines der umstehenden Wilden seine Hize, und er gab Feur auf ihn. Allein der Bliz der ohnehin schon nicht mehr gefürchteten Gottheit schadete nun auch nicht einmal. Man fiel über ihn her, und —

Cook wurde mit vier seiner Leute am 14 Febr. 1779 erschlagen *).

So starb einer der größten Weltumsegler, wo nicht der größte unter allen, und einer der berühmtesten Männer der neuern Zeit mitten unter den Bemühun-

---

*) Die von Kapitän Cook hinterlassenen, in den von ihm auf dieser Reise entdeckten Inseln gesammelten Seltenheiten, in Waffen, Kleidungen, Werkzeugen, Federn, Gefässen von Baumrinde rc. rc. sind durch den Capitän Clerke, seinen Reisegefährten, aus Dankbarkeit für den während ihrem Aufenthalt in dem Hafen Peter und Paul genossenen russischen Schutz, Gefälligkeiten und Beystand, der kaiserlichen Akademie der Wissenschaften zu Petersburg verehrt, und zu dem Ende dem in Kamschatka auf Commando stehenden russischen Major von Böhm zugeschickt worden.
Anmerk. d. Verf. der Chronolog.

E

mühungen, seinem Ruhm noch zuzusezen, was ihm
nur allein noch zugesezt werden konnte — nehmlich
da er die Durchfahrt aus dem stillen Meer in das
atlantische suchte.

Die Beynahmen, die wir ihm hier gegeben haben,
wird ihm niemand streitig machen, der bedenkt, daß
ausser ihm nie derselbe Mann in die beyden Polarzirkel der Erde eingedrungen; daß er dreymal innerhalb des südlichen gewesen, den noch kein Mensch,
von dem wir wissen, je überschritten hat; daß er
der Erste war, der die Welt von Osten nach Westen
umschift, und dieses sogar einmal in einer südlichen
Breite, die man für fast unbeschifbar gehalten;
daß er die südlichsten Länder der Welt zuerst gesehen,
und überhaupt die allgemeine Geographie mit einer
Menge von Entdeckungen bereichert hat, die gewis
für unser Zeitalter, da weitläufige feste Länder nicht
mehr zu entdecken stehen, groß sind.

Und nun sein Ruhm. Von wessen Unternehm-
gen und Thaten, kan man fragen, haben neuerlich
alle Menschen von Erziehung über ganz Europa mit
so vieler Theilnehmung gelesen und gesprochen, als
von den seinigen? Wessen Mannes Bildniß, der weder

der ein Prinz, noch ein Eroberer *), noch ein Re-
belle war, hat man mit so allgemeiner Neugierde
angesehen und angestaunt? Alles was er gethan
hat, hat er zum Dienst seines Vaterlands und zur
Erweiterung nützlicher Kenntnisse gethan. Feur
und Schwerdt haben keinen Antheil. Daher auch
mancher, der ihm in unsern Tagen an Ruf gleich
kam, ihm an Ruhm nachstehen möchte: und wessen
Tod, läst sich also endlich fragen, ist neulich so allgemein beklagt worden, als der seinige?

Cook war ein dürrer, hagerer Mann, von
breiten Schultern, starkem gesunden Knochenbau
und wenigstens 5 Fuß 11 Zoll bis 6 Fuß lang.
Er gieng, wie alle Seefahrer von beträchtlicher
Leibslänge, stark gebückt, um nicht an die Caju-
tendecke zu stossen. An seinem Gang, zumal wann
er geschwind gehen wollte, erkannte man noch immer den gemeinen Matrosen: er war lang gespal-
ten, und daher seine Schritte, selbst im Vergleich

E 2 mit

---

*) Cook war kein Eroberer, weil die Einwohner zu O-
Taheiti, in Neu Caledonien, auf den sogenannten an-
genehmen Inseln 2c. 2c. friedfertig, feig waren, und
sich seiner Usurpation nicht widersezten. Hätte er
Widerstand gefunden: so wäre Cook — nach den Vor-
fällen zu Batavia und zu O-Why-He zu urtheilen —
ein Gengiskan gewesen.

Anmerk. d. Verf. d. Chronolog.

mit seinem Körper, groß. Ein Physiognome wür=
de hierinn den Mann erkannt haben, der geboh=
ren war, den Erdkreis zu um — — wandeln.

Die Stirnhölen (sinus frontales) und Au=
genbrahmen waren groß und stark, die Nase lang
und dick, und seine grauen und kleinen Augen
scharfblickend, aber nicht lebhaft. Die hohen
Jochbeine (ossa zygomatica) und die daher ent=
stehende Form der Backen gaben ihm ein schotti=
sches Ansehn.

Der herrschende Charakter seines Gesichts
aber war ein finsteres, störrisches, zurückhalten=
des Wesen, dessen Ausdruck durch die überhän=
gende Oberlippe sehr verstärkt wurde. In den
mannigfaltigen Brüchen desselben erkannte man
nicht undeutlich den Mann von früher Anstrengung
und Erfahrung, der viel Hindernisse und viel Elend
überstanden, der der Schmied seines eigenen Glücks
war, und bey dieser heissen Arbeit oft was Redli=
ches geschwizt haben mag.

Alles dieses war endlich bey ihm stark mit Zügen
des despotischen Schiffkapitäns verwebt, der bey dem
mindesten Versehen eines Matrosen mit dem Fuß
stampft

stampft und dann den Donner seiner Seegensformeln bis hinunter in die Pulverkammer erschallen läßt.

Sein Haar war stark und hellbraun. In seiner Jugend soll es roth gewesen seyn, wovon aber keine Spuhr mehr übrig ist. In seinem Gesicht war er nicht so schwarz und verbrannt, als man von seiner Lebensart hätte erwarten sollen, wovon wohl seine natürliche bleiche Farbe die Ursach war.

In dem Kupferstich, den Sherwin nach einem Gemälde des Dance von ihm geliefert hat *), gleicht er sich, nach einem einstimmigen Zeugniß, bis zum sprechen.

In seinem Umgang war er nicht der angenehmste Mann. Feinheit, Artigkeit, Witz und eine gewisse Kultur, die nöthig sind, in Gesellschaft zu gefallen, fehlten ihm gänzlich. Er war meistens in einer Art von mürrischer Zurückhaltung wie vergraben. Man hat ihn auf einer Reise von 3 Jahren ein einzigmal für sich singen und einmal pfeifen gehört. Was in seinem Gemüth damals vorgegangen seyn mag, weiß

E 3 man

* Ein dem Original sehr entsprechender Nachstich von Herrn Bergers Griffel ist dem Göttingischen Magazin 2 Band, beygefügt.

man nicht. Bey einer ausserordentlichen Gelegenheit wenigstens ists nicht geschehen.

Er konnte mit 4 Personen auf dem Schif Tage lang umgehen, frühstücken, zu Mittag speisen und zu Abend Punsch trinken, ohne mehr als guten Morgen zu sagen, und seine gewöhnlichen Gesundheiten — der König! — Lord Sandwich! — Die Marine! — Alle guten Freunde! — auszubringen. Allein Sonnabends Abends, wann er sonst die ganze Woche nicht gesprochen hatte, pflegte er sich wenigstens beym ersten Glas Punsch, welches mit der Erinnerung – Saturday night *) ausgeleert ward, zu erheitern. Oft machten diese Sonnabend-Abende unsern guten Cook sehr munter und gesprächig: er lies

*) Saturday night ist nehmlich bey den englischen Matrosen das Losungswort, sich an ihre zurückgelassene Weiber und Liebchen zu erinnern, und vergißt niemand, vom Schifsjungen bis zum Capitän, alsdann sein Glas zu ihrem Andenken zu trinken. Wo dieser Gebrauch herrühre, ist hier der Ort nicht, zu untersuchen. Vielleicht trift folgende Muthmassung nicht weit vom Ziel. Man hat bemerkt, daß bey der königlichen Flotte der Sonntag derjenige Tag ist, an dem die meisten Expeditionen losgehen, ganze Flotten und einzelne Schife auslaufen 2c. 2c. Weil nun die Sonnabend Nacht unmittelbar vor dem Sonntage hergehet: so könnte es wohl seyn, daß man sich auf diese Weise der Abschieds-Nacht erinnerte.

lies sich in Vademecums-Geschichtgen aus, und riß
zuweilen wohl mit unter Zoten.   Hieran war aber
bey ihm weder Uebermaß von Punsch noch andere
Neigung Schuld.

Man mus es vielmehr aus seiner Erziehung und
ehemaligen Gesellschaft erklären.   Dann er war
merkwürdig enthaltsam und man kan von ihm im
strengsten Verstand sagen: er liebte weder den Wein
noch das Frauenzimmer. Bey seiner zwoten, drey-
jährigen Reise um die Welt kam er nur Einmal, auf
den Societätsinseln, in Verdacht, einen geheimen
Besuch am Tage in der Cajüte angenommen zu haben. Bey Nacht hat er nie welchen gehabt. Seine
vorige Gesellschaft soll ihn oft zum Trinken haben
zwingen wollen, aber immer vergebens.

Diese Tugenden, die bey einem so gesunden Mann,
in jeder Lage in der Welt, Bewunderung verdient
haben würden, sind hier derselben würdiger, als er
sie in einem Stand übte, der dieselben oft mitunter
wohl gar für Unanständigkeiten hält.

In Ansehn seiner Religion schien er ein von allem
Aberglauben gänzlich entfernter Mann zu seyn. Sei-
ne oft gewagten und freyen Ausdrücke über manche
E 4   wichtige

wichtige Punkte der geoffenbarten Religion sollten es beynahe wahrscheinlich gemacht haben, daß er dieselbe, wo nicht verwerfe, doch sehr bezweifle. Allein wer ihn genauer gekannt hat, wird dieses vielmehr seinem oft weit getriebenen Widersprechungsgeist und gänzlichen Mangel an gründlichem Unterricht in der Religion und einer ohne alle Auswahl angestellten Lesung von Büchern über dieselbe sowohl, als von Modeschriften darwider, zuschreiben. Dann er hat auch sehr oft zum Behuf der Religion und Sittenlehre manches gesagt, das man von ihm nicht erwartet hätte.

Eben diesem Mangel an ordentlichem und gründlichem Unterricht in andern Dingen hat man auch zuzuschreiben, daß er sich oft über die London'sche Societät der Wissenschaften so lustig machte. Er hatte des Quacksalber Hill's Review of the royal Society gelesen, und nahm seine Spöttereyen daher. Sobald er aber erfuhr, daß man ihm die Copley'sche goldene Medaille geben wollte, so wurde er ein Mitglied der von ihm verachteten Gesellschaft.

Ueberhaupt bemerkte man, daß das Bewußtseyn seiner Ueberlegenheit an wahrem, gesundem Menschenverstand und an Macht des eigenen Nachdenkens,

kens, die er bey sich verspührte, in ihm eine Verachtung gegen alle Gelehrsamkeit, mathematische etwa
ausgenommen, bewirket hatte. Als daher Herr
King, zweyter Lieutenant bey dieser dritten Reise, in
welcher Cook umkam, zugleich mit dem Vergnügen,
das ihm das Glück machte, unter einem so grossen
Befehlshaber die Welt umsegeln zu können, seine
Verlegenheit gegen ihn darüber äusserte, daß keine
Gelehrten mitgiengen, sagte er: der Teufel hole die
Gelehrsamkeit und alle Gelehrten oben drein! *)
und bedachte nicht, daß Kenntniß des Menschen
auch Gelehrsamkeit ist.

Allein

*) Vergl. mit einer Stelle aus den Memoires der zur
Beobachtung des Durchgangs der Venus durch die Sonne in den Jahren 1761 und 1770 abgeschickten französischen Gelehrten 2c. 2c.

„Der Vater Pingre hatte sich die Insel Rodrigo
„im Meere von Indien zu seinem Standpunkt auser-
„sehen. Er trat die Reise auf einem Schif, welches
„Capitän Marion (von welchem oben in der Nachricht
„von den Lebensumständen des Capitän Cook Seite
„65 gedacht ist, und der nach der Hand auf Neu See-
„land von den Wilden gefressen wurde) commandirte,
„zu Ostende an.

„Etwas über dem Vorgebürge der guten Hofnung be-
„gegneten sie einem französischen Fahrzeuge. Der
„Capitän, der es commandirte, war älter im Dienst
„als Marion. Er hatte also ein Recht ihm zu befeh-

E 5   „len

Allein freylich muß man auch diese Worte nicht
so nehmen, wie sie für uns Mittelländer da stehen.
Es ist dieses eine Phrase aus der Hofsprache der
schwimmenden Schlösser, welche, in die Sprache der
Höfe vom festen Land übersezt, nicht mehr sagt, als:
erlauben sie gütigst, vielleicht können wir doch
zurechte kommen.   Auch als man ihm einige Bücher über die Theile von Amerika Nordwärts von
Californien zu lesen geben und Charten von denselben mittheilen wollte, verbat er sichs Anfangs und
sagte: er wolle es schon selbst finden.

In den Gefahren hatte er beydes, Vorsicht und
Muth: nur will man oft nicht genug entschlossene
Kühle an ihm bemerkt haben. Er stampfte und tobte,
und folgte dann oft dem fragsweise gegebenen, ob-
gleich sich selbst widersprechenden Rathe seiner Offi-
zire. Oft übernahm ihn auch die Hize. Wir haben
davon

„len. Blin, so hieß der erstere, verlangte, daß ihm
„Capitän Marion nach Jsle de France, wohin er sei-
„nen Lauf richtete, folgen sollte. Vergebens entschul-
„digte sich Marion mit seinem Auftrag, den königli-
„chen Astronom nach der Insel Rodrigo zu führen;
„vergebens stellte der Pater Pingre vor, ein solcher
„Zeitverlust könnte die Akademie um all seine Beobach-
„tungen bringen. Blin versezte nichts, als: Werft
„ihn ins Wasser!‟

Anm. vom Verf. d. Chronolog.

davon zwey Beyspiele gesehen, eins zu Batavia und eins auf O-Why-He, worüber er das Leben verlohr.

Hier ist noch ein drittes, wobey er doch vielleicht noch die meiste Entschuldigung verdient. In Batavia wird, fast nach morgenländischer Art, dem General Gouverneur sehr große Ehrerbietung bewiesen, und die Glieder des hohen Raths haben gleichfalls einen gewissen Theil an diesen Ehrenbezeugungen. Die in Kutschen in der Stadt fahrenden müssen nehmlich allemal an den Seiten der Straße stillhalten, wann ein Eedle Heer vom Rath angefahren kommt, und jeder muß vor dem GeneralGouverneur aus der Kutsche steigen *).

Die Kutscher und Bedienten im Lande sind dessen so gewohnt, daß nichts als die grösten Drohungen oder Todesgefahr sie von diesem Gebrauche abbringen kan, und sie wollen, daß alle Fremden mitmachen, was die zu Batavia wohnenden Bürgere zu thun ver-

---

*) Diese Etiquette rührt ursprünglich aus Spanien her. Sie kam mit den spanischen Gesetzen nach Holland, und von da nach Batavia. Sie herrschte zu Wien bis zur Regierung Joseph's II.
Anmerk. v. Verf. d. Chronolog.

verbunden sind. Der Kutscher, den Cook gemiethet hatte, sah die Kutsche eines Herrn vom Rath anfahren kommen. Er wollte nach Gewohnheit an der Seite stille halten. Cook wollte, er sollte weiter fahren, allein der Kutscher bestund darauf, es sey nicht recht. Kaum hörte Cook diese Worte, als er den Degen zog, und denselben unter der ernstlichsten Bedrohung ihn augenblicklich durchzurennen, zwang, weiter zu fahren. Es geschah, und er hatte auch dißmal, mit Glück, seinen Rechten eines brittischen Unterthanen und königlichen Offizirs nichts vergeben.

Arbeitsam war er im höchsten Grad, und in Allem was er unternahm, beharrlich bis zum Eigensinn. Ehrgeiz und Begierde nach Glück und Reichthum (so sollte man wohl den Geiz nennen, wann er bey vieler wahrer Ehrbegierde siehet,) waren wohl die Haupttriebfedern seiner Handlungen. Es konnte auch nicht fehlen, die Art wie er sich gehoben hatte, nehmlich blos durch eigenes Verdienst auf einer Laufbahn, wo er lang sich genöthigt sah, spahrsam zu leben, muste endlich den Hang bey ihm bewirken, einen etwas zu hohen Werth auf das Geld zu sezen.

Seiner Wittwe, welcher man einen Gnadenge-
halt von 1200 Thalern jährlich verwilligt hat, hin-
terläßt er ein Vermögen von faſt 70,000 Thalern.

Als Seefahrer betrachtet, war er von der Natur
zu Entdeckungsreiſen wie beſtimmt. Und der Mann,
der ihn dem Lord Hawke zuerſt vorſchlug, hat gewiß
ein groſſes Verdienſt, weil es ſcheint, daß ſich ſein
Vorſchlag auf die genaueſte Kenntniß des Charakters und der Talente des Capitän Cook gegründet
habe. Den unſterblichen Ruhm, den England bey
der Nachwelt dieſer Reiſen wegen haben wird, hat
es dieſer glücklichen Wahl allein zu danken. Dann
die Reiſen von Byron, Carteret und Fourneaux haben wenig oder gar nichts zur Ausbreitung unſerer
Kenntniſſe über dieſe unbekannten Theile der Erde
beygetragen. Jene Männer verſtunden den See-
dienſt wohl ſo gut, als Cook: allein in Entdeckungsreiſen wuſten ſie ſich nicht zu ſchicken. Sie wuſten
weder wo, noch was, noch wie ſie unterſuchen ſoll-
ten. Sie hatten nicht Selbſtverläugnung genug,
die Befehlshaberſtelle auf einer Fregatte gegen die
auf einem unanſehnlichen Kohlenſchif aufzugeben.
Ihre Vorſorge fürs Schifsvolk gieng nicht ſoweit
ins Detail. Sie wuſten ſich nicht ſo gut wie Cook
in die Wilden zu ſchicken. Sie hatten weder die
mathematiſchen Kenntniſſe dieſes Mannes noch die

groſſe

grosse praktische Fähigkeit in Aufnehmung und Ent-
werfung der Seecharten, und am allerwenigsten die
Geduld, 3 bis 4 Jahre auf einer Entdeckungsreise
zu liegen.

Cook hinterließ 3 Söhne, einen von 17, einen
von etwa 15, und einen von 4 Jahren. Den ältesten
wollte er mit auf die Reise nehmen, er änderte aber
seinen Vorsaz. Dieser ist vor etwa dreyzehn Mona-
ten als Midshipman in die Flotte aufgenommen worden. Der zweyte geht mit Capitän Walsingham nach
Westindien. Sein Vater ist erst im vorigen Jahr
verstorben, auch eine seiner Schwestern starb erst
während seiner Abwesenheit.

Die königliche Societät zu London läßt izt zu seinem Andenken eine Medaille, in der Größe einer
englischen Krone, schlagen, welche aber nur die Mitglieder derselben erhalten. Sechs in Gold ausgenommen: wovon eine für den König, eine für die
Königin, eine für die rußische Kaiserin, wegen des
freundschaftlichen Beystands, den man den Schifen
in dem Hafen Awatscha, oder St. Peter und Paul,
geleistet; eine für den König von Frankreich, wegen
des an seine Schife ertheilten Befehls, dem Capitän
Cook, falls er ihnen während des Kriegs aufstoßen
sollte, als einem Freunde zu begegnen, eine für den
Herzog von Croy, der dem König deßhalb den ersten
Vorschlag gethan, und endlich eine für die Wittwe
des Capitän Cook selbst bestimmt ist.

Zur

Zur geheimen Staatsgeschichte Ludwigs XV.

Eine Anecdote.

In dem Injurienprozeß, der dieser Tage, zwischen dem General Grafen Broglio und dem Abbe Georgel, vor dem Parlament zu Paris entschieden wurde, kommt, und zwar in einer unter jenen vom Grafen Broglio producirten gerichtlichen Denkschriften, folgende Stelle vor.

„An demselben Tag, da der Graf Broglio zur
„Gesandschaft nach Pohlen ernannt wurde,
„stellte ihm der verstorbene Prinz Conty eine von
„der eigenen Hand des Königs geschriebene No-
„te versiegelt zu, worinn dem Grafen aufgetra-
„gen wurde, mit Seiner Majestät einen sepa-
„raten geheimen Briefwechsel zu pflegen, und
„die Befehle, die ihm von Seiner Majestät zu-
„kommen würden, in allen Fällen jenen, welche
„er directe aus dem Kabinet erhielte, vorzu-
„ziehen.„

Man

Man erinnere sich ungefähr einer ähnlichen Stelle in der Geschichte des Ritters d'Eon: in jener geheimen Correspondenz zwischen dem höchstseeligen König und dem Ritter, welche dieser auf Verlangen des izigen Königs Ludwig XVI Majestät, dem Herrn von Beaumarchais zu London auslieferte.

Beyde Stellen haben alle Kennzeichen der Originalität und der Wahrheit. Wenn es nun gegründet ist, wie man sagt, daß obige Correspondenz nicht die einige in dieser Gattung war, welche Ludwig XV unterhielt, und daß er beynahe in allen europäischen Ländern seinen besondern, vom Kabinetsministerium abgesonderten Briefwechsel führte: so lassen sich viele, ohne Vermittlung dieses Schlüssels nicht begreifliche Widersprüche und ausserordentliche Begebenheiten, welche die Regierung dieses Monarchen charakterisiren, dardurch erklären.

Seibt.

Seibt.

Einst ereignete sich ein Streit zwischen den
Schülern des Zoroasters und des Brama.
Bey dieser Gelegenheit erzählte dem König Abu-
schalem sein Hofphilosoph folgende Fabel.

Der Proceß der Kühe und der Pferde.

Als die Thiere noch in einer republikanischen
Verfassung lebten: so brachten die Kühe eine Klage
gegen die Pferde bey der Obrigkeit an. Sie be-
haupteten, ihr Waidebezirk würde von den Pferden
täglich beeinträchtigt, ungeachtet sie solchen mit
Schranken umgränzt hätten. Zu ihrem Advokaten
hatten sie einen berühmten Maulesel erwählt. Nachdem der Maulesel die Richtere über drey Stunden
durch einen faden und pedantischen Vortrag ennuyrt hatte, worinn er sich darauf bezog, daß der
grosse Vichnou die Erde und alles Gras blos allein
für die Kühe erschaffen habe; daß die Pferde ein Gift
auf ihrer Zunge führten, wovon das Gras abstürbe;
daß die jungen Stiere und Esel aus der Art schlagen
würden; und was dergleichen Miseren mehr waren:
so endigte er damit, die Obrigkeit solle den Streit
zum Vortheil der Kühe entscheiden, ohne die Ein-

wendungen der Pferde im mindeſten anzuhören.
Der Elephant, welcher für dißmal Präſident war,
ſtuzte einige Augenblicke. Endlich that er den Ausſpruch, daß es den Grundſätzen der natürlichen Billigkeit und der Pflicht des Gerichts gemäs wäre,
den Gegentheil zu vernehmen. Hierüber liefen die
Kühe durch Thal und Wälder und erfüllten das ganze Reich der Thiere mit ihrer Klage, daß man die
Freiheit unterdrücken wolle, daß der Staat in Gefahr ſtünde, daß die Obrigkeit ungerecht wäre, daß
ſie mit den Feinden des Volks in Verſtändniß ſtünde. Die Mauleſel hezten den Pöbel auf. Sie pre-
digten, daß der groſſe Vichnou kein Gras mehr
wachſen laſſen würde. Kurz, es wurde des Lär-
mens ſoviel, daß die Richtere, um einem Auflauf
vorzubeugen, ſich eine Staatsraiſon machten, den
Pferden die Weide zu verbieten. Dieſe, voll Verachtung über die Partheylichkeit der Richtere, zogen ſich in die Wälder zurück. Man mußte alſo
die Arbeit, die ſie zuvor verſahen, auf die Ochſen
und Kühe legen. Von dieſer Zeit an tragen die
Kühe das Joch, und diſputiren mit den Hörnern.

Ich weis nicht, ob mich meine Vorliebe zu Fa-
beln nicht zur Unzeit verleitet, daß ich die gegenwärtige anführe. Sie ſcheint nicht nach den delikate-
ſten Regeln der Fabel organiſirt zu ſeyn. Aber
man erkennt völlig die bizarre Manier des bekannten Fabeldichters des Königs Abuſchalem daran.

Soll-

Sollten diejenigen, welche den Inder erfanden,
diese Fabel gelesen haben? Ein sich in unsern Ta=
gen zugetragener merkwürdiger Vorfall berechtigt
uns, diese Frage zu untersuchen.

Die Begebenheit des Herrn Professor Szibt
zu Prag hat eine allgemeine Sensation in der Den=
kerwelt erregt. Das Publikum hat auf den Gang
und auf die Folgen dieser Sache einen lebhaften
Blick gerichtet. Es ist ungewiß geblieben, ob es
mehr die Unschuld eines ehrlichen Mannes bedau=
ren, oder den grossen Geist der Monarchin bewun=
dern soll.

Alle Zeiten kommen in dem Grundsaz überein,
daß die Erleuchtung des Volks ein wesentliches
Mittel zum allgemeinen Wohl; daß die Freyheit der
Presse eine nützliche Maxime; daß die Tiranney des
Geists eben so wenig werth sey, als die Tiranney des
Körpers. Wenn man also hört, daß in diesem oder
jenem Staat ein Verbot auf die Bücher gelegt, daß
die Freyheit zu denken und zu lesen eingeschränkt sey:
so erschrickt man. Man kan sich nicht enthalten,
den merkwürdigen Worten eines Schriftstellers
beyzufallen, womit er sich bey Gelegenheit eines in
der heutigen Zeit durch seine Schicksale beruffen ge=
wordenen Buchs ausdrückt: Freudengefühl er=

regt

regt in mir der Gedanke, daß ich in einem Lande lebe, wo dieses Buch mir gehört, und von
mir ohne Furcht gelesen und wiedergelesen werden kan.

So schön diese Betrachtungen sind : so erschöpfen sie den Begrif, den man sich vom Geist der Büchercensur machen muß, noch nicht.   Lasset uns gerecht seyn.   Nichts ist unstreitig wesentlicher als
die Aufklärung der Nation.

Moins un peuple est instruit, plus on peut
l'egarer :
Les yeux ceints d'un bandeau qu'il craint
de déchirer
Pour lui tout Prêtre est DIEU, tout fourbe
est un prophête.
Contre le meilleur maitre un moine, une
comete,
Un miracle, une éclipse, un sermon va l'ar-
mer.*)

Ein Staat, worinn das Licht unterdrückt wird,
um die alten Vorurtheile zu erhalten, in welchem
die Dachläden wodurch der Tag in den Geist der
Nation fallen sollte, verschlossen sind, gleicht einem
Labi-

*) Je weniger ein Volk aufgeklärt ist, desto leichter ist
es zu verführen.
Die Augen mit einer Binde umwunden, welche es zu
zerreissen nicht wagt,
Ist ihm jeder Pfaf ein GOTT; jeder Betrüger ein
Prophet.
Der beste Regent stehet in Gefahr, sein Volk von
einem Mönchen, von einem Kometen,
Von einem Mirakel, von einer Sonnenfinsterniß, oder von
einer Kanzelpredigt gegen sich empört zu sehen.

Labirint, worinn eine Anzahl Blinde herumkreu-
zen, und sich immer aneinander stossen.

Aber der Uebergang von der Finsterniß zum
Licht, diß ist die grosse Katastrophe, wovon die
Sache abhängt.   Diß ist der Eckstein der Censur.
Diesen schwehren und gefährlichen Weg zu finden,
um deswillen ist sie vorhanden.   Man muß gestehen, wann man die allgemeine Geschichte der Nationen mit Nachdenken liest: so wird man überzeugt,
daß für den Uebergang der Kenntnisse vom Irrthum
zur Wahrheit eben so oft ein ganzes Menschengeschlecht dem Glück der nachfolgenden Enkel aufgeopfert wurde, als für den Uebergang von der Tiranney zur Freyheit geschah.

Von dieser Seite muß man das Daseyn der Censur betrachten.   Wann sie bey einem ausgebildeten
Volk überflüssig ist; wann man in England, in
China mit Recht darüber lachen würde: so ist sie
bey einer in ihrer Entwicklung begrifenen Nation
ein heilsames Uebel.

Der Mensch ist in der politischen Oekonomie,
was eine fruchttragende Pflanze in der bürgerlichen
Oekonomie ist.   Es ist billig, daß man von seinem
Herzen und von seinem Kopf alle schädlichen Ein-
drücke entferne, die sein gerades Wachsthum ver-
hindern könnten.   In der Kultur des Geists sind
die

die schlimmen Schriftstellere Insekten, die den Stamm angreifen und die man ausrotten muß.

Unterdessen ist das Commerz der Kenntnisse ein wesentliches Mittel zur Erweckung der Industrie. Der Buchhandel belebt die Handlung. Er befördert den Umlauf des Gelds. Er ist ein Hilfsmittel den Unwissenden, eine Ergözung der Reichen, und den Tyrannen ein Zaum.

Eclairer les sujets n'est pas trahir les Rois. Les Rois ont des devoirs, les nations des droits.*)

Das Princip einer wohleingerichteten Censur ist also, daß sie in die tirannische Moral des Bücherverboths soviel Mässigung als möglich trage: und ihr Meisterstück ist, daß sie das Interesse der Menschlichkeit mit dem Interesse des Staats, der Religion und der Sitten zu vereinigen wisse.

In der That, die Fabel des Abuschalem ist nicht zu verachten. Aber indem sie die Natur der Büchercensur und der Denkensclaverey so schildert, wie sie an einigen Orten ist: so lehrt sie, wie sie in Oesterreich nicht ist.

Die

*) Die Unterthanen aufhellen ist keine Staatsverrätherey. Könige haben Pflichten, und Völker haben Rechte.

Die Thränen tretten einem ins Aug, wann man einen würdigen und ehrlichen Mann, der sich um die Erleuchtung der Menschheit bestrebt, der sich durch die Einführung der Wissenschaften um sein Vaterland verdient gemacht, dem Tribunal übergeben und ihn zum Spiel der Bosheit eines Paar Buben werden siehet, denen die Schulruthe noch auf den Rücken gebunden ist. Aber es consolirt: es erhebt die Seele zu Bewunderung und Ehrfurcht, wann man diesen Mann aus den Händen seiner Feinde durch die Grosmuth einer edeldenkenden Monarchin gerissen siehet.*)

Diß ists, was uns das Beyspiel der Geschichte des Herrn Professor Seibt zu Prag lehret.

Diese Begebenheit ist voll von rühmlichen Reflexionen. Sie macht das Publikum mit einer Reihe vortreflicher Charaktere bekannt.

F 4 Hier-

---

*) Man muß nicht vergessen: Als die Sache des Herrn Professor Seibt in Gegenwart Ihro Kaiß. Kön. Majestäten vorgetragen, und zum Vortheil des Angeklagten entschieden wurde: so gab Marie Therese den ausdrücklichen Befehl „daß diese Entscheidung dem Seibt noch diesen Abend bekannt gemacht werden sollte, damit er eine ruhige Nacht mehr habe."

Hierunter ist der Charakter des erhabenen Ministers, der durch seine Weisheit die Gnade der
Kaiserin leitete;*) des Regierungsrath, Herrn
von Hägelin, als Referenten in der Sache,
und dann des Herrn Professor Seibt, des Mar-
tirers der Legende, selbst.

Philosophie, hélas! à l'imposture en bute,
Malheur à tout état òu l'on te persecute!
Malheur au peuple aveugle, aux imbecil-
les Rois
Qui brûlent tes écrits et redoutent ta
voix!
Le Nôtre la consulte. . . . . **)

Die Büchercensur zu Wien war einst in den Händen der Jesuiten. So lang sie in diesen Händen
war: so war sie, was die Studien immer in den
Händen der Klerisey waren, ein Monopol des Ei-
gennuzes, der Pedanterey und der Vorurtheile.
Man richtete sich blos nach dem Index zu Rom.

Diß

---

*) Wenzel Anton Reichsfürst von Kaunitz.

**) Weltweisheit! — Ach! — Die du in ewigem
        Streit mit der Lüge liegst:
Wehe dem Staat, in welchem man dich verfolgt!
Wehe dem verblendeten Volk, den schwachen Kö-
        nigen,
Die deine Bücher verbrennen, und sich vor deiner
        Stimme fürchten!
Der Unsrige zieht sie zu Rath. . . .

Diß war der allgemeine Kodex der Büchercensu-
ren, und man hatte ihm nicht viel hinzuzusezen,
weil die Lokalverfinsterung zu Wien und die Barbarey der deutschen Sprache fremde Bücher ohnehin
nicht bekannt werden ließ.

Der erste Laye, welcher das Direktorium bey
der Censur nach dem Abgang der Jesuiten erhielt,
war — wann ich mich nicht irre — van Swieten.

Man kennt das tolerante System dieses berühmten Mannes. Auf ihn folgte der Graf
Lantieri, ein Minister, dessen Grundzüge Mässigung, Religion und eine gerechte und erleuchtete
Seele waren. Unter ihm empfand man den Verlust van Swieten's nicht.

Wann man weis, daß die Aufnahme der Studien und die Reinigkeit der Büchercensur eine der
eifrigsten Angelegenheiten einer unvergleichen-
den Marie Therese sind: so muß man vermu-
then, daß alle Ministere, die dem Grafen Lantieri
bis zum heutigen Tag im Präsidium an der Büchercensur succedirten, von gleichen Verdiensten
waren.

Zum wenigsten hat man kein Beyspiel — den
gegenwärtigen Fall des Herrn Professor Seibt

F 5   aus-

ausgenommen, welcher folglich Epoche macht —
daß irgend jemal sich eine Begebenheit ereignet
hätte, die an das Schicksal eines Galiläi, eines
Vanini und des tugendhaften Jean Jacques erinnern könnte.

Wann unter der Regierung van Swieten's einige empirische Aerzte aus Wien vertrieben wurden: so hatten diese Zufälle nichts mit den Wissenschaften gemein: es war eine bloße Polizey-
maaßregel.

Die Begebenheit des Herrn Professor Seibt
scheint demnach mehr der Gegenstand einer besondern Intrike, als das Resultat der Censur-Le-
gislation zu seyn. Und in diesem Betracht macht
sie dem Referenten, Herrn von Hägelin, die
vollkommenste Ehre.

Der Verfasser des politischen Briefwechsels
irret sich nicht, wann er den Herrn von Hägelin, Vorzugsweis, einen deutschen Mann
nennt. Diß ist Er dans toute la force du ter-
me. Ich würde mich hüten, die Linien, die ich
dem Publikum von seinem Charakter hier mit-
theile, zu ziehen, nachdem ich in persönlichen
Pflichten stehe, mich zu seinem Verehrer zu bekennen, wann mir nicht gerade das System des
Amts, dem er bey der Censur mit soviel Ruhm
vor-

ſtehet, Gewähr leiſtete, daß ihm die **Chronolo**gen, und das Lob, das ich ihm hier weihe, niemals zu Geſicht kommen werden.

Herr von Hägelin iſt ein Eingebohrner Oeſterreichs. Er gehört zu denjenigen Oeſterreichern, deren Talente dem vaterländiſchen Klima Ruhm erwerben, und welche daſſelbe gegen die Vorurtheile der Ausländer rechtfertigen, als ob die Wiſſenſchaften in Oeſterreich heterogen wären.

Zu den vielen Vorzügen, die ihm ſein Herz und ſein Geiſt ertheilen, kan der Herr von Hägelin den beſondern zählen, daß er ſeine Beförderung nur ſeinen perſönlichen Verdienſten ſchuldig iſt. Keine von den gewöhnlichen Influenzen, die ſo oft die Glücksleiter der Höfe ſind, hat an dem glänzenden Poſten Theil, worauf er ſich wirklich befindet. Seine Erhebung iſt eine bloſſe Folge der Superiorität ſeines Talents und der Proben, die er hievon während ſeinem Amte im thereſianiſchen Lehrſtifte gegeben hat.

Ein geometriſcher Geiſt in der Materie der Wiſſenſchaften und der Erkenntniſſe; eine feſte, aufrichtige und lichte Seele; unermüdete Arbeitſamkeit; ein der Freundſchaft und dem Wohlwollen

geöf-

geöfnetes Herz sind Linien, die im Mittelpunkt seines Charakters, der Liebe zur Wahrheit, zusamm-
laufen.

Aus diesem Grundzug seiner Seele fließt die eb-
le Freymüthigkeit, welche ihn berühmt macht,
und welche das Schicksal des Herrn Seibt entschieden hat.*)

Man begreift, daß dieses lezte Merite gänzlich verlohren, daß es schlechterdings ohne Wirkung seyn müste, wofern es nicht beym Herrn von
Hägelin von den unverfänglichsten Sitten, und
vornehmlich von einer musterhaften Religions-
liebe unterstüzt wäre.

Diß ist der Charakter des Manns, der sich die
Hochachtung des Publikums bey einer für die Wissenschaften bedenklichsten Gelegenheit erworben
hat. Sein Betragen wird ein Denkmal im Reiche der Vernunft bleiben: und es wird den Chronologen

*) Vor keinem Präsidenten, auch vor der
Kaiserinn Selbst nicht werde ich eine erkannte Wahrheit verhelen. So sprach der
Regierungsrath Herr von Hägelin laut ins Angesicht der ganzen Commission, als ihm bey der über
die Seibtsche Sache gehaltenen Sizung, wobey er die
Gerechtigkeit in einer 70 Bögen starken Relation ver-
theidigte, vorgeworfen wurde, daß er partheiisch
scheine.

nologen zum Verdienst gereichen, ein Zeugniß entdeckt zu haben, daß er desselben würdig sey.

O, die Nachwelt wird ihn nennen
Und auf flammendem Altar,
Ihm, der Seibt's Erretter war,
Ehrenvollen Weyrauch brennen.

Unstreitig wäre zu wünschen, daß man die
Büchercensur nicht nöthig hätte. Die Büchercensur ist das, was die Maut im politischen System ist — die Epoche der Verbrecher, der
Schleichhändler, der Angeber und der heuchlerischen Abbe's.

Hat man jemals gehört, daß zu Rom ein Lukrez
vor Gericht gezogen wurde, weil er das System
des Epikur in Reimen sezte? Ist ein Cicero, ein
Plinius, ein Varro wegen seiner Schriften verfolgt worden? Hat man die Schaubühne unterdrückt, weil, in einem Stücke des Plautus, auf
den Brettern frey gesagt wurde:

— — post mortem nihil est, ipsaque mors
nihil est — —?
Nach dem Tode ist Nichts. Der Tod selbst ist ein
Nichts.

Nein. Nichtsdestoweniger sind die Römer
unsere Ueberwinder, unsere Gesezgeber, unsere
Leh-

Lehrer, unsere Vorgänger in allen Theilen der Wissenschaften und der Tugend worden.

Ewige Schreyer! Wie oft muß man es euch wiederholen, das sichtbare Beyspiel der heutigen Zeit, die Milderung der Sitten, die Ruhe und der Flor der Staaten widerlegen euren Grundsaz. Sie überzeugen uns von dem offenbaren Fortgang der Menschlichkeit auf dem Wege der Tugend und der Sitten.

Dann nichts ist gewisser, als, wenn es möglich wäre, daß die sittliche Welt sich verschlimmern könnte, wie die Schwärmer sagen: so müste es, zufolg eines chronologischen Calculs, mit der menschlichen Gesellschaft längst aus seyn.

Ueber die Einschläferer.

Die Bande der Einschläferer, welche sich zu Paris und in dortiger Gegend aufhält, ist keine neue Erscheinung. Schon im vorigen Jahrhundert, unter der Regierung Ludwigs XIV that sich zu Paris und in dasiger Gegend herum, eine Rotte zusamm, welche ähnliche Mittel zu gleicher Absicht brauchte.

Sie brachten den Leuten eine Art von Gift bey, wovon sie anfänglich einschliefen. Endlich wurden sie lustig und ausgelassen: sie giengen spazieren, scherzten, lachten und waren voller Freuden. Aber mitten in der Fülle ihres Vergnügens fielen sie um, und starben. Vermuthlich mit Verzuckungen: dann die Schriftsteller damaliger Zeit sagen, daß das Gesicht des Verstorbenen sich in eine komische Figur verzogen habe; daß der Mund, die Augen und Nasenlöcher ganz verzerrt geschienen hätten ꝛc. ꝛc.

Nach dem Geist der damaligen Zeit sah man diese Bande für eine ganz andere Art von Leuten an, als sie

sie wirklich waren. Der Aberglaube legte ihnen
übernatürliche Kenntnisse bey, und hielt sie für
Schwarzkünstler und Zauberer. Man glaubte,
daß sie den Eltern die kleinen Kinder raubten, diese
dem Teufel opferten, und das Blut davon auffien-
gen, woraus sie den schröcklichen Gift zubereiteten
und damit die abscheulichsten Zaubereyen verrich-
teten.

Ganz Paris war in Furcht und Schrecken.
Man glaubte, daß der Gift in dem Wasser, Brod,
Wein und in den Eßwaaren verborgen sey. Das
Mißtrauen war allgemein. Niemand traute sei-
nem Nachbar, der Vater seinem Sohn nicht, die
Schwester nicht ihrem Bruder, und der Herr hat-
te Verdacht auf seinen Diener. Geschwister
wollten nicht essen oder trinken, was von den
Händen eines Bruders oder einer Schwester be-
reitet war.

Die heiligsten Bande des Bluts und der
Freundschaft konnten die Furcht vor der Ver-
giftung oder Bezauberung nicht ausschlies-
sen. Mit Furcht und Zittern wagten Einige, etwas zu essen und zu trinken, andere wollten lieber vor Hunger und Durst sterben, als die Erdfrüchte genießen. Mitten unter dem
Ueberflusse litte man die schmerzlichsten Qualen des
äusser-

áufferften Mangels. Man war fogar um das ganze menfchliche Gefchlecht beforgt.

Alle diefe Schreckbilder entftunden daher, weil
man die Wirfungen vor Augen fah, aber die wahren
Urfachen davon nicht fogleich ergründen fonnte.

Der franzöfifche Hof und die Gerichtsftüle waren mit einerley Vorurtheilen befangen. Der König ordnete ein befonderes Gericht deswegen an
welches man die heiffe Kammer, oder den Gifthof
nannte (la Chambre ardente.)

Diefes Gericht follte allen denen, die an ver-
meinten teufelifchen Künften Theil nehmen, den
Prozeß machen. Hier wurden alle Müller, Becker,
Mezger, Obfthändler Weinfchenke, und alle andere
Perfonen, die mit Eßwaaren und Getränke handlen,
in eidliche Pflicht genommen. Auch die Aerzte,
Spezereyhändler und Apothecker muften da einen
Eid ablegen.

Es giengen viele königliche Verordnungen aus,
worinn allen Perfonen, die fich auf Wahrfagen legten, bey Todesftrafe angefügt ward, fich aus dem
Reiche zu entfernen. Man verordnete, daß alle die-

5r Band.　　　　G　　　　jeni

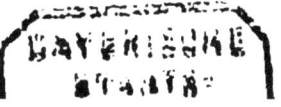

ienigen, welche Stellen aus der heiligen Schrift zu
Zaubereyen anwenden, magische Karaktere, Seegensprechen oder dergleichen Dinge, die über die natürlichen Kräfte giengen, gebrauchen würden, nach
der äussersten Strenge gestraft werden sollten. Der
Hof, die Stadt, die Gerichte waren bemüht, die
Hexenmeister ausfindig zu machen.

Indessen blieben die wahren Thäter verborgen,
und viele unschuldige Leute wurden auf den geringsten Argwohn eingezogen. Man dichtete ihnen Verbrechen an, die nur die Unwissenheit und der Aberglaube für möglich halten können. Man quälte
sie unter den schröcklichsten Martern, welche ein
aufgebrachter Eifer und eine abergläubische Wuth
ersinnen können. Gegen einige dieser Elenden führte man sogar Zeugen auf, welche ihre Zauberey mit
angesehen haben wollten.

Aller Qualen ungeachtet waren sie nicht zu zwingen, Missethaten zu bekennen, die sie nicht verübt
hatten. Man hielt ihre Standhaftigkeit für eine
Folge des Beystands vom Teufel. Man glaubte,
daß sie mit ihm in einem Bündnisse stünden, und
daß sie ihm zu gefallen, die ganze Welt hätten vergiften wollten.

Man vergleiche das Verfahren der ißigen französischen Regierung gegen die Einschläferer mit dem, was zur Zeit Ludwigs XIV im ähnlichen Falle vorgenommen wurde; und man danke es einer gereinigten Philosophie und einer verbesserten Arzneykunde, daß nicht ißt aber, mals Ungerechtigkeiten gegen Unschuldige begangen werden, wovor die Menschheit zittert. (GAZETTE DE FRANCE, Avril 1780. Paris —)

Es sey uns erlaubt, dieser Betrachtung einen einigen Zug beyzufügen.   Es ist billig, bey jeder Gelegenheit das Publikum aufzuklären, die man hat.

Daß man die heutigen Einschläferer nicht mit Feur und Schwerd verfolgt; daß man aus ihrer Operation kein Zauberwerk macht, das ist unstreitig für die Philosophie unsers Jahrhunderts rühmlich.   Aber ists genug? Ists so weit gegangen, als man vielleicht gehen könnte?

Es scheint, noch sey ein Schritt übrig. Die Arzneykunst zu Paris nennt es eine Verbebesserung ihrer Verdienste, daß sie den Karakter dieses Gifts erklärt, und gezeigt hat, daß keine übernatürliche Kräften im Werk seyen.   Vielleicht wäre ihr Ausspruch

G 2   vollkom-

vollkommener, |wann sie spräche, daß gar nichts im Werk sey.

Was mich betrift, so glaube ich schlecht weg, daß die Geschichte von den Einschläferern zu Paris eine Fabel sey, die in die Sammlung jener von der Hyäne zu Gerauban und vom Wasserseher zu Blois gehört.

Wan erinnert sich noch der betrübten Vampirengeschichte. Sie belehrt uns, wie man dergleichen Fälle beurtheilen muß. Ganz Europa glaubte an die Vampiren, als es einem ehrlichen Mann einfiel, diesen Gegenstand mit der Geschichte der Menschen und mit der geographischen Natur der Länder zu vergleichen.

Er entdeckte, daß die meisten Irrthümer und Aberglauben ihren Ursprung aus der griechischen Kirche her hätten — nicht aus der Kirche des Plato, der Epikure, der Sokrates, der Alcibiaden, des Aristoteles; sondern aus der Kirche der Schismatiker.

Zu gleicher Zeit fiel ihm bey, daß die Vampiren gerade in jenen Ländern sich aufhielten, wo die griechische Kirche lebt, in der Moldau, Hungarn, Pohlen ꝛc. ꝛc. und daß man weder zu Wien, noch zu

Kon-

Konstantinopel, noch zu Rom, noch zu Paris von
Vampiren wußte, es wären dann solche, die in den
Wechselstuben, auf den Mauthstätten und in den
Aemtern der Steurkammer befindlich sind.

Mit diesen Betrachtungen verknüpfte er einen
bekannten Kanon des griechischen Evangels, vermög dessen die Körper der lateinischen Christen nicht verwesen, weil sie in der Excommu-
nication sterben.

Vermittelst dieses sehr simplen Verfahrens kam
er auf den Schluß, daß die Geschichte der Vampiren eine Schwärmerey wäre. Er theilte seine Zweifel dem Publikum mit. Man schämte sich, daran
geglaubt zu haben. Die Vampiren kamen aus der
Mode. Sie hörten auf, die Leuthe zu saugen, zu
essen, zu trinken, zu beichten und die Absolution zu
empfangen.

Vielleicht wann ein Mann entstünde, der die Geschichte der Einschläferer auf gleiche Art behandelte,

so

so würde der Ausschlag eben so beschaffen seyn. Schon damals flattirte sich die Arzneykunst, daß sie gereinigt wäre. Es war nicht lang nach der Periode der Locke, der Bayle, des Boerhave, der Tranchard's. Seitdem glaubt sie unermeßliche Fortgänge gemacht zu haben; aber wie weit ists noch vom Glauben an die Einschläferer bis zur Theorie der Boerhave?

Es ist sehr nützlich, dergleichen vergangene Geschichten in Erinnerung zu bringen. Nach der Liebe zur Lästerung pflanzt sich nichts so leicht fort, als der Glaube zum Ausserordentlichen, zum Schwärmerischen, zum Abscheulichen.

Einer der erheblichsten Einwürfe gegen die Geschichte der Einschläferer ist diß, daß man eigentlich nicht weiß, ob es ein Gift giebt. Weder die berufene Cantarella des Pabst Alexander VI und des Meuchelmörders Borgia, noch die Tophana, noch die Cieuta, noch das Quecksilber, noch das Arsenik sind ihrer Eigenschaft nach Gifte. Die Medizin gestehet

stehet, daß sie die Natur dieser Materien, wie soviel tausend anderer, noch nicht kenne. Ihre Wirkungs-kraft beruhet in der Anwendung. Man mus eigentlich sprechen: überall ist Gift, und nirgendswo ist Gift. Bey einem verkehrten Gebrauch, bey einer auch nur im mindesten übertriebenen Dosis wird die heilsamste Arzney tödlich. Das Opium hingegen, welches die Ungeschickten tödet, ist beym Gebrauch der Weisen ein Mittel der Erfrischung, der Stärkung und der Gesundheit.

Sollte es also ein Gift geben, womit man ein allgemeines Sterben einführen kan? So wenig, als es einerley Art von menschlichen Naturen giebt. Zur nehmlichen Zeit, als die beyden Herrn von Argenson, der eine als Minister der auswärtigen Angelegenheiten, der andere als Kriegsminister, regierten: so erhielt der erstere einen Brief von einem Unbekannten, worinn man sich erbot, um einen convenablen Preis, alle Einwohnere der Stadt London binnen vier und zwanzig Stunden zu vergiften. Dieser Vor-

G 4   schlag,

ſchlag, ſprach der Kabinetsminiſter, nachdem er den
Brief geleſen hatte, gehört nicht in mein Departement: man bringe ihn meinem Bruder.

Unſtreitig dachte der Herr von Argenſon, indem
er den Vorſchlag ſtillſchweigend verſpottete, von
den Einſchläferern, wie wir.

Ueber den Vorschlag des Pater Joſt. *)

(Queſt. ſur l'Encyclop. Tom III · 405)

Die Druiden. **)

(Die Scene iſt in der Hölle.)

Die Furien, von Schlangen umgeben, mit der Geiſſel in den Händen.

G 5   Ein

---

*) Der Lektor Theologid im Dominikaner Kloſter zu Landshut in Bayern, Thomas Aquinas Joſt, Verfaſſer einer Schmähſchrift auf Walchs Symbo- lik, 1773, und einer andern auf die Freygeiſter, 1777, lies 1779, unter dem Titel — Bildniſſe der Frey- heit und Inquiſition, einen Vorſchlag öfentlich in Druck ausgeben, worinn er die Errichtung eines bay- riſchen Inquiſitionsgerichts empfiehlt. Die Büchercenſur zu München verbot den Druck. Aber der Pater Joſt lies den Vorſchlag unter Genehmi- gung des Fürſt-Biſchof zu Freyſingen, Ludwig Joſeph Freyherrn von Welden, dennoch dru- cken. In Bayern confiscirte man die ganze Auflage, und ſeſte den menſchverrätheriſchen Pfaffen von ſeinem Lektoramt ab. Man weis nicht zuverläſſig, ob es wahr iſt, wie man hinzuſezt, daß er überdiß des Lands verwie- ſen ſeyn ſoll. Soviel aber iſt, zufolge der bayriſchen Beyträge zur Litteratur ꝛc. ꝛc. gewis, daß alle Schriftſteller aufgefodert ſind, den neuen Inquiſitor zu geiſſeln. Welches wir dann, um den Tribunal in Bay- ern unſere Devotion zu bezeugen, anmit, durch gegen- wärtige Anwendung in die Chronologen, nach un- ſern kleinen Kräften zu thun uns befleiſſen.

**) Damit der Leſer die Fehler der Ueberſezung, in welchem Fache der Stupien wir unſere Schwäche des kennen, ſelbſt zu verbeſſern im Stand ſey: ſo fügen wir das Original in ſeinen eigenen Worten hier bey.

Ein Druide und Calchas.

Hervor, alter Knasterbart, celtischer Druide! Und du, abscheulicher Calchas, ehemals Wahrsager im Lager der Griechen vor Troja! Eure Verbrechen werden abgestraft. Die Stunde der Rache hat angeschlagen.

Der Druide und Calchas.

Ach weh! Der Kopf! Die Lenden! Die Augen! Die Ohren! Der ..,! Gnade, meine Dames, Gnade!

Cal·

DRUIDES.

(La Scene est dans le Tartare.)

Les Furies entourées de serpens et le fouet à la main.

Allons, barbaroquincorix, druide Celte, et toi detestable Calchas, hiérophante grec, voici les momens, où vos justes supplices se renouvellent! L'heure des vengeances a sonné.

Le Druide et le Calchas.

Ah! la tête! les flancs! les yeux, les oreilles! les fesses! Pardon, Mesdames, Pardon!

Cal-

Calchas.

Ich fühle zwo Vipern, die mir an den Augen nagen.

Der Druide.

Eine Schlange wühlt mir im innersten Einge-
weide — ich bin hin!

Calchas.

Und ich verzweifle. Muß ich um deßwillen
zur Strafe immer neue Augen kriegen, damit sie
mir von den Schlangen ausgerissen werden!

Der

Calchas.

Voici deux vipéres qui m'arrachent les yeux.

Le Druide.

Un serpent m'entre dans les entrailles par le
fondement; je suis dévoré.

Calchas.

Je suis déchiré; faut il que mes yeux revien-
nent tous les jours, pour m'être arrachés?

Le

Der Druide.

Mus meine Haut um deswillen alle Tag frisch wachsen, damit sie in Stücke zerfalle — Weh! Schmerzen!

Tisiphone.

Das wird dir zur Warnung dienen, nichtswürdiger Druide! daß du nie mehr eine elende Schmarozerpflanze, welche man Eichenmispel nennt, für ein Universalarzneymittel ausgiebst. Wie nun? Hast du noch Lust, deinem Gott Teut junge Mädchen und junge Knaben zu schlachten? Denkst du sie noch unter Trompeten und Pauckenschall in einem hölzernen Korb zu braten?

Der

Le Druide.

Faut il que ma peau renaisse pour tomber en lambeaux? aie! ouf!

Tisiphone.

Cela t'apprendra, vilain druide, à donner une autrefois la miserable plante parasite nommée le gui de chéne pour un remede universel. Eh bien, immoleras tu encor à ton dieu Theutates des petites filles et de petits garçons? Les brûleras-tu encor dans des paniers d'osier au son du tambour?

Le

Der Druide.

Nimmer, Nimmer, Madam! Einen Funken Barmherzigkeit.

Tisiphone.

Diese haſt du ſelbſt niemal gezeigt. Friſch, meine Schlangen, noch einen Hieb dem heiligen Schalk!

Alecto.

Schmiert mir dieſen Calchas tüchtig ab,
      der mit wildem Blick
Einher tritt, und mit geſträubten Haaren.
Uns eine finſtere Stirne wies — —

                     Cal.

Le Druide.

Jamais, jamais, madame, um peu de charité.

Tiſiphone.

Tu n'en as jamais eu. Courage, mes ſerpens;
encor un coup de fouet à ce ſacré coquin.

Alecton.

Qu'on m'etrille vigoureuſement ce Calchas,
    Qui vers nous c'eſt avancé.
L'oeil farauche, l'air ſombre, et le poil bériſſé.
      Iphigenie de Racine.

                    Cal.

Calchas.

Man reißt mir ein Haar nach dem andern aus dem Bart — Man brühet mich — man würgt mich — man ſtreift mir die Haut ab — man zerfleiſcht mich!

Alecto.

Bube! Wirſt du noch einmal ein junges Mädchen ſchlachten, anſtatt ihr einen Mann zu geben — und das alles für Wind?

Calchas und der Druide.

Ach! Welche Pein! Welche Schmerzen! — und doch nicht todt!

Alecto.

Calchas.

On m'arrache le poil, on me brûle, on me berne, on m'ecorche, on m'empâle.

Aletton.

Scelerat! égorgeras tu encore une jeune fille au lieu de la marier, et le tout pour avoir du vent?

Calchas et le Druide.

Ah! quels tourmens! que de peines et point mourir!

Ale-

Alecto und Tisiphone.

Still! Eine Musik läßt sich hören. Gott steh'
uns bey, es ist Orpheus. Werden nicht unsere
Schlangen zahm wie Lämmer?

Calchas.

Meine Schmerzen verschwinden plözlich —
etwas selzsames.

Der Druide.

Ich ermuntere wieder völlig. Was es um eine
gute Musik ist! und wer bist du, göttlicher Mensch,
wann

Alecton et Tisiphone.

Ah, Ah! j'entends la musique, Dieu me par-
donne, c'est Orphée. Nos serpens sont devenus
doux comme des moutons.

Calchas.

Je ne souffre plus du tout; voila qui est
bien étrange!

Le

wann man fragen darf, der du mit deiner Leyr Wunden heilst, und die Hölle selbst aufmunterst?

Orpheus.

Meine Brüder, ich bin ein Priester, wie ihr. Aber
ich habe nie jemand betrogen, und ich habe weder
junge Mädchens noch Knaben gemezelt. Als ich noch
auf der Erde schwebte: so predigte ich anstatt der
Furcht vor den Göttern vielmehr die Liebe zu ihnen.
Ich bemühete mich die Sitten der Menschen zu be-
sänf-

Le Druide.

Ie suis tout ragaillardi.   O la grande puissan-
ce de la bonne musique! Et qui es tu divin homme,
qui guéris les blessures et qui réjouïs l'enfer?

Orphée.

Mes Camarades je suis prêtee comme vous;
mais je n'ai jamais trompé personne, et je n'ai
egorgé ni garçon ni fille.   Lorsque j'etais sur la
terre au lieu de faire abhorrer les dieux, je les ai
fait aimer.   J'adouci les moeurs des hommes que
vous rendiez féroces.   Je fais le même métier
dans

sänftigen, die ihr nachgehends wild gemacht habt.
Eben dieses Gewerb treibe ich hier in der Hölle. Un,
längst fand ich zween unmenschliche Priester, die
man ohne Gnad geisselte.   Der eine hatte ehemals
einen König, in Gilgal, in Stücke zerhauen, und der
andere, hatte eine gesalbte Königin, an der Pforte da
die Rosse, zum Haus des Königs eingehen, massa,
krirt.   Ich erbarmte mich über sie, und ergrief mei,
ne Leyr, wordurch ich ihrem Leiden ein Ende machte.
Dagegen versprachen sie mir, wann sie nochmal auf
die Welt zurückkommen sollten: so würden sie ehrli,
che Männer seyn.

                                        Der

dans les enfers.   J'ai rencontré là - bas deux bar-
bares prétres qu'on fessait à toute outrance. L'on
avait autrefois hâché un roi en morceaux, l'autre
avait fait couper la tête à sa propre reine à la
porte - aux - chevaux. J'ai fini leur pénitence, je
leur ai joué du violon.   Ils m'ont promis, que
quand ils reviendroient au monde ils vivraient
en honnêtes gens.

Der Druide und Calchas.

Eben diß verſprechen wir gleichfalls — Auf
Prieſterwort!

Orpheus.

Ich wills glauben: aber — wann der Strick
entzwey iſt: ſo hält ſich der Schelm frey.

(Die Scene endigt durch einen heroiſchen Ballet
zwiſchen Orpheus, den Furien und den Ver-
dammten.)

Le Druide et Calchas.

Nous vous en promettons autant, foi de
prêtres.

Orphée.

Oui, mais paſſato 'l pericolo, paſſato 'l ſanto.
(La Scene finit par une danſe figurée d'Orphée, des damnés et des furies.)

Folge und Beschluß
des
seltsamen Prozesses des Grafen Desgree.
Chronologen III Band, Seite 349.

Der Zufall des Grafen Desgree du Lou; das
gegen ihn entstandene nachtheilige Gerücht;
die hierauf von ihm anhängig gemachte Klage beym
Parlament zu Rennes; der von diesem Richterstuhl
erfolgte unerwartete Bescheid; und die besondern
und zweideutigen Umstände, welche den Grund dieses Rechtshandels ausmachen; haben uns so merkwürdig geschienen, daß wir sie für würdig hielten,
der Chronologen vorigen Jahrs ein Präcis hievon
einzuverleiben, als eine Materie, die, unserm Dün-
ken nach, eines der seltsamsten und bedenklichsten
Probleme wäre, so jemals auf der gerichtlichen
Bühne erschienen.

Man erinnert sich noch, daß der Graf Desgree
du Lou ein vornehmes Mitglied des Adels in Bre-

H 2   tagne

tagne iſt; daß er allda anſehnliche Güther beſizt; daß
er wegen der Rechtſchaffenheit und Würde ſeiner
Denkensart im Ruhm ſtehet; und daß er bey ver-
ſchiedenen Gelegenheiten die Ehre hatte, zum Präſi-
denten des Adelſtands, bey den öffentlichen Ver-
ſammlungen der Provinz, erwählt zu werden.

Man erinnert ſich weiter, daß der Edelmann den
Verdruß empfand, im Herbſt 1776 zu vernehmen,
wie ihn das öffentliche Gerücht bezüchtige, als ob
er bey der denkwürdigen Verſammlung der Stände
1768 — alſo Acht Jahre zuvor — ſich vom königlichen Abgeordneten mit fünfzehnhundert Livres hätte beſtechen laſſen, um einem Vortrag zum Nachtheil
des öffentlichen Beſten durch die Finger zu ſehen.

Daß er hierüber mit dem Marſchall, Duc de
Duras, welcher der damalige Abgeordnete des Hofs
war, und von welchem, wie das Gerücht hinzuſezte,
jene Ausſprengung ohnmittelbar herrührte, oder
wenigſtens heimlich angefachet wurde, in einen
ernſthaften Briefwechſel gerieth.

Daß der Graf Desgree dem Marſchall einen
Brief voll Würde, Entſchluß und Offenmut ſchrieb,
worinn er ihn aufforderte, dieſe Sage durch ſein
Zeugniß

Zeugniß öffentlich zu widerlegen: worauf er aber
die eben so unvermuthete als auffallende Antwort
erhielt, es wäre an dem.

Wie hierauf der Beleidigte mit dem Adelstand,
wovon er ein Mitglied war, zu Rath gieng: wie er
eine feyrliche Injurienklage beym Parlament von
Bretagne anbrachte; wie er ein Zeugniß vom jenzei-
tigen Finanzminister, Herrn von Invau, auf dessen
Autorität sich der Marschall von Duras berief, bey-
brachte, vermög dessen dem Minister von dieser Ausgabe nichts bekannt war; wie dem ungeachtet das
Tribunal zu Rennes den ausserordentlichen und
fremden Bescheid ertheilte, daß die Sache fiskalisch
gepflogen, und die Qualität des Klägers in die Con-
dition eines Beklagten verwandelt werden solle.

Alles diß, und was für bedenkliche und zweydeu-
tige Reflexionen vorläufig bey dieser Sache sich an
die Hand boten, welche sie zu einem der verwickelt-
sten und merkwürdigsten Rechtshändel machen, ließ
man, in unserer im vorigen Band der Chronologen
gegebenen Nachricht nach.

In der That schien dieser Rechtshandel ein de-
likater und wichtiger Fall für die Sitten und für die

H 3

Richter-

Richterklugheit zu seyn. Es kam auf die Entscheidung eines zwischen zwo Partheyen, deren Nahmen
keine geringere Begrife als Ehre, Wahrheit, Hoheit
der Seele zuliessen, entsponnenen Streits an: welche beynahe nicht anderst ausfallen konnte, als eines
von beyden, entweder eine sehr niederträchtige Lästerung oder einen sehr verächtlichen Schleichraub,
ans Licht zu stellen.

Man bemerke zum Voraus, daß die von dem
Fiskal, unserer Erwehnung nach, zum Vorschein ge-
brachte Akte, kraft welcher die heutige königliche Fi-
nanzverwaltung, mittelst Extrakts aus den Rech-
nungshauptbüchern, die wirklich geschehene Ausla-
ge an den Grafen Desgree du Lou, auf den Ertrag der
sogenannten Einkünfte von Port Louis geschehen zu
seyn, attestirt, wie sich in der Folge des Prozesses
veroffenbaret, dem Fiskal von dem Marschall Duc
de Duras unter der Hand prokurirt war.

Nun sehen wir den Fiskal und den Grafen Desgree du Lou vor dem Parlament zu Rennes gegeneinander gestellt. Laßt uns ihrem Gang folgen, und
die Erscheinungen, welche sich bis zum Schluß des
Endurtheils ergeben, beobachten:

Der

Der Styl des gerichtlichen Prozeßes in Frankreich ist, wie man weis, größtentheils schriftlich.
Die Plaidoiers (Recesse) welche die Advokaten in
der Audienz (vor den Schranken) halten, sind
nichts als eine mündliche Lektur jener Memoires
(Repliken, Dupliken ꝛc. ꝛc.) welche den Fond der
Instruction machen; und diese Memoires werden,
mit Erlaubniß des Gerichts, auf Kosten der Parthey gedruckt, und im Publikum ausgestreuet.

Auf diese Art eröffnete der Graf Desgree die
Scene durch eine Denkschrift über die Lage der Sache, welche von sechs Rechtsgelehrten unterzeichnet,
und welche mit einer Stärke und Beredsamkeit abgefaßt ist, die den lebhaftesten Eindruck im Publikum machte. Er beruft sich darinn vornehmlich auf
das unverläumdete Zeugniß des Publikums und der
Provinz Bretagne in Absicht seiner Person. Er
wendet sich gegen den Marschall, Duc de Duras.

„Ich weis nichts von ihrem schändlichen Ge-
„schenk. Meine Umstände, mein Lebenswandel, tau-
„send Urkunden meiner ohneigennüzigen und edlen
„Denkensart streiten für mich. Der gänzliche Ab-
„mangel hinlänglicher Beweise, so wie Vernunft und
„Wahrscheinlichkeit selbst, vertheidigen mich gegen

„diese

„diese zudringliche Auflage. —— Beweisen sie mir
„dieses fräßliche Commerz. —— Wo nicht, so kan
„nichts anders erfolgen, als daß ein dreyfaches La-
„ster an Tag kommt: daß man den König bestohlen,
„meinen Nahmen misbraucht, und mich ungerecht
„gelästert hat. ——

   „Niemand will die Einkünfte von Port Louis,
„welche sie zur Unterstüzung ihrer Calumnie nahm-
„haft machen, kennen. In der That, wann auf
„dem Seehafen Port Louis gewisse Einkünfte für
„den König beruhen, warum muste man eine Aus.
„gabe, die mit der Oekonomie einer Festung in ganz
„keiner Verbindung stehet; eine Ausgabe, die ihm so
„fremd ist, auf diesen Plaz anweisen? Warum mu-
„ste eine so kahle Summe, wie 1500 Livres, die ih-
„rem Karacter nach zumal Geheimniß erfodert,
„aus der Mitte der Provinz, an welche sie festge-
„knüpft war, gehalten und auf einen entfernten Ort
„verlegt werden? Was zu Port Louis vorfällt, hat
„es Gemeinschaft mit den geheimen Erfordernissen
„des Staats zu Rennes oder zu St. Brieux?

Dieser Vorwurf scheint sehr spezios und sehr erheblich zu seyn. Es hätte ein Mirakel erfodert, wann
der Marschall von Duras bey einem dergleichen lob-

haften Anfall hätte unempfindlich bleiben sollen.
Er sezte dem Memoire des Grafen Desgree eine
nicht minder denkwürdige Schrift entgegen.

Den Anfang in dieser Schrift macht der Marschall von Duras mit einer sehr importanten Erläu-
terung. „Die bey der königlichen Kammer soge-
„nannten Revenuen von Port Louis sind ein alter
„Impost auf das Brunnwasser zu Saint Brieux,
„der Versammlungsstadt der Provinz Bretagne.
„Dieser Impost gehörte ehemals der Familie der
„Grafen Meilleraie. Nachgehends kaufte ihn der
„König an sich, und seitdem ist er zu einer Hinter-
„lage bestimmt geblieben, für ausserordentli-
„chen Verwendungen, Gnadengelder, Gratifika-
„tionen ꝛc ꝛc. so dem Hof in der Provinz Bretagne
„vorfallen. Die Anweisung des dem Grafen
„Desgree du Lou verwilligten Geschenks auf die-
„sen Fond ist also ganz natürlich und conse-
„quent. — —

Was die von dem Grafen Desgree erhobene Ein-
wendung gegen die Zweifelhaftigkeit der Urkunden,
welche die geschehene Auszahlung bekräftigen, betrift: so produzirt der Marschall von Duras einen
neuen Brief vom ehemaligen Finanzminister, Herrn
von Invau, worinn sich der Minister entschuldigt,

H 5   daß

daß er jene Erklärung *) von sich gestellt habe. „Sein Alter, die Schwäche seines Gedächtnisses, „die Entfernung der Zeit, die Geringfügigkeit des „Objekts, und die Art wie man ihn darum ange- „gangen hätte, hätten ihn überrascht, und zum Irr- „thum verleitet. Es sey an dem, daß die gesche- „hene Auszahlung an den Grafen Desgree seine „Richtigkeit habe. Er erinnere sich dessen. Der „Empfang wäre ausser Zweifel. — —

Die Geringfügigkeit der Summe, worauf sich von allen Seiten so oft bezogen wird, ist in der That ein Gegenstand, der die Existenz des Prozesses unbegreiflich macht. Sie ist so unbedeutend, daß sie durch nichts als die sonderbaren Ausbrüche, wo- zu sie Anlaß gab, merkwürdig wird.

Was konnte also den Grafen Desgree bewe- gen, soviel Lärm deswegen zu erregen? Diß erklärt der Marschall von Duras in seinem Memoire.

„Leicht kan ich ihre Verlegenheit begreifen. Sie „liessen sich bisher für einen passionirten Patrioten, „für einen ernsten und unbefänglichen Mann an- „sehen.

„Die-

*) Chronolog III. B. Seite 354. Item IV Band Seite 356.

„Diesen Ruf wollten sie conserviren. Zu dem En-
„de war es nöthig, das Geheimniß eines wucherli-
„chen Briefwechsels, den sie mit dem Hof unterhiel-
„ten, zu unterdrücken. Der Ausbruch der Geschichte
„der 1500 Livres sezte ihren Ruf in Verdacht. Sie
„hielten Abläugnen für das wirksamste Auskunfts-
„mittel · Nachdem sie dieses Mittel einmal erwählt,
„nachdem sie mit dem Läugnen den Anfang gemacht
„hatten: so glaubten sie, um consequent zu seyn, mü-
„ßen sie durchaus beym Läugnen beharren. Da sie
„mit Recht in Besorgniß stunden, daß die Urkunden
„von der Thatsache bey den Archiven aufbehalten
„wären: so beschlossen sie vorerst an der Behörde
„auf den Zahn zu fühlen. Einige durch Ueberei-
„lung erschlichene Zeilen, die das Gegentheil zu in-
„geriren schienen, dünkten ihnen ein hinlänglicher
„Grund zu seyn, ihre Maaßregeln kühn darauf zu
„bauen. Sie glaubten, bey mir mit eben so viel
„Glück einen Widerruf erobern zu können. Allein
„sie irrten sich. Gleichwie sie anstatt dessen eine
„kurze und deutliche Bekräftigung erhielten: so
„suchten sie mein Zeugniß nunmehr in einen of-
„fenbaren Ehrenangrief zu verwandlen, um
„auf eine andere Art am Hauptpunkt vorbeyzu-
„schleichen. — —

Es

Es ist bitter zu sehen, wie zween angesehene Männer, zween Kavaliers, die Geblüt und Senti- ment über die gemeinen Empfindungen der Men- schen erheben, von denen man ihrer Geburt und Würde nach keine andern, als Muster der Grösse des Herzens, der Mässigung und Gerechtigkeit des Geists, der Feinheit der Sitten erwarten sollte, bis zum niedrigsten Pöbel herabsinken, und sich in einer wahren Spießbürgersprache miteinander schim- pfen; und es ist ein nicht minder schnöder Vorwurf für die französische Magistratur, daß dergleichen le- gale Kalumniationen gedulbet sind.

Diß schien auch vollkommen das Zwischenur- theil (Interlocutor) zu rechtfertigen, welches das Parlament zu Rennes am 29 Jenner 1780 aus- sprach „daß alles weitere Verfahren in der Sache vor der Hand eingestellt, und der fernere Schriften- wechsel unterbleiben solle.“ Ein Expedient, wel- ches der weitern Verbitterung des Prozesses und der Vergrösserung der Umstände wenigstens auf eine klügliche Art vorbog, und von der feinen Urtheils- kraft der Gerichtsstelle zeugt.

Was das Gericht durch solchen Zwischenspruch den Partheyen zu verstehen geben wollte, das ist klar.
Inzwi-

Inzwischen gieng dieser Zweck verlohren. Anstatt daß die Theile mit Ehren den Prozeß einstellen, und die Sache durch gütliche Vermittlung beylegen konnten; nachdem dem Fiskal durch vorstehende Interlokutorie ein für allemal Stillschweigen auferlegt war: so fuhren sie in ihren Publizitäten mit gleicher Heftigkeit fort. Und das Parlement sah sich endlich zu einem Ausspruch gezwungen.

Dieser fiel am 28 Februar 1780. so aus.

„Nach genüglich genommener Einsicht in „dieser Sache erkennet man von Rechtswegen, „daß sämmtliche von beyden Seiten producirte „Schriften, Zeugnisse und Urkunden nicht statt „haben, sondern für Undinge erklärt, und in der „Gerichtskanzley cassirt werden sollen. Sofort „wird Alles weitere Verhandeln aufgehoben „und der von Desgree du Lou der vom königli= „chen Fiskal gegen ihn gemachten Anklage gänz= „lich entbunden und losgesprochen. Wie dann „auch, nachdem der von Duras erklärt, daß er „von dem ausgebrochenen Gerüchte nicht Urhe= „ber sey, erkannt wird, daß die vorgebrachte In=
jurien=

„furienklage nicht statt habe. In deſſen Geſolg,
„ohne auf die diß- und jenſeits erhobene Vorſtel-
„lungen Bedacht zu nehmen, der ganze Prozeß
„anmit ſupprimirt, und die Partheyen, jedoch
„ohne Beſchwerden und Koſten, abgewieſen
„werden. Geſprochen im königlichen Parla-
„ment zu Rennes, den ꝛc. ꝛc.

Jeder Leſer wird bey ſich ſelbſt leicht fühlen,
welcher Theil in dieſer Sache unrecht hat, und wider
welchen ſich der Ausſchlag geneigt haben würde,
wann der Prozeß in der Ordnung fortgeſezt und
entledigt worden wäre.

Dann ſo ſinnreich der Ausſpruch des Parlaments zu Rennes iſt, um eine Sache zu unterdrücken, die weder dem Hof, noch den intereſſirten Partheyen zur Ehre gereichen und ein öffentliches Skan-
dal veranlaſſen konnte: und ſo vollſtändig das Urtheil abgefaßt iſt, um die Weiterung ein für allemal abzuſchneiden: ſo enthält es doch für den leiden
den Theil höchſt tränkende, und an ſich ſelbſt un-
regelmäſſige Seiten.

Kurz

Kurz der Graf Desgree wird unschuldig erklärt, ohne Gerechtigkeit zu erhalten. Die Sache wird entschieden, ohne das Faktum zu erörtern. Der Marschall Duc de Duras wird zum Verläumder — und vielleicht noch zu etwas mehr — constituirt, ohne bestraft zu werden.

Diß sind die Irregularitäten am Urtheil: Irregularitäten, welche die Sentenz sonderbar und obios machen, die aber durch die Lage der Umstände sinnreich und rühmlich werden.

In der That war die Sache äusserst delikat; und wann man nach der strengsten Möglichkeit vom Ausspruch des Parlaments zu Rennes urtheilen sollte: so müste man dem Verse Beyfall geben:

Que de tous ces accords l'effet le plus commun
Est de perdre d'honneur deux hommes au
lieu d'un. *)

Allein

*) Von allen dergleichen Temperamenten ist insgemein
die Wirkung diese,
Daß zwey Theile entehret werden, anstatt Einem.

Allein der Graf Desgree ist ohnfehlbar ein zu
guter und zu wohldenkender Bürger, um sich nicht
damit zu begnügen, und das Publikum ist zu aufgeklärt und zu gerecht, um dem Urtheil nicht seine
wahre Auslegung zu geben.

Unter den Irregularitäten, die es bezeichnen, ist
die seltsamste, die ungewöhnlichste, die merkwürdig-
ste, die auffallendste, die unerhörteste diese: daß das
Gericht die Unkosten auf sich selbst nimmt.

Hört, Zeiten, hörts!

Phi-

Philadelphia.

Also hat sich das Schicksal der Provinz Pensylvanien völlig geändert? Aus der unabhängigen
und ruhigen Republik einer Familie Liebesbrüder
ist sie zur unterwürfigen Herrschaft eines kriegerischen Freystaats worden.

Unterlassen wir nicht, diesen Zufall den Chronologen einzuverleiben. Er ist in der Geschichte der
Völker eine erhebliche, und wegen der Umstände, die
ihn begleiten, für die Politik denkwürdige Anecdote.

Es ist nicht so, wie übelberichtete Geschicht-
schreiber behaupten, daß die bürgerlichen Troubeln
zu den Zeiten Cromwel's den Stifter von Pensylva-
nia zu dem Entschluß bewogen, diese Pflanzung anzulegen, weil er an den Grausamkeiten seiner Landsleute Abscheu trug, und vor dem unglücklichen
Schicksal seines Vaterlands fliehen wollte. William Pen erwarb die Herrschaft über den Erbbezirk,

den seinen Nahmen trägt, erst unter der Regierung Karl's II; und zwar durch Kauf. Das Anleihn, welches sein Vater, der Vice-Admiral Pen, an den Hof zu fodern hatte; und welches sich auf eine allzubeträchtliche Summe belief, als daß der Hof in den Umständen, worinn er sich befand, sie mit Geld abführen konnte, war der Kaufschilling.

Diß ist nicht genug, was man wissen muß. Man muß noch hinzufügen, daß Karl II eine besondere Vorliebe für diesen Theil der englischen Erwerbungen in Nord-Amerika gefaßt; daß er, schon vor dem Abtritt dieses Erdbezirks an den Ritter Pen, beträchtliche Kosten aus seinem Beutel auf die Pflanzung Pensylvanien verwendet, und sie während dem ganzen Lauf seiner Regierung mit Wohlthaten überhäuft; kurz, daß er diese Provinz gleichsam im Busen getragen hat.

Ein Schriftsteller, den ich für dißmal nicht nennen kan, weil ich mich nicht in meinem Kabinet befinde, macht hiebey mit vieler Weisheit die Bemerkung, daß man annehmen könne, Karl II habe beym Verkauf dieses Lands die Absicht gehabt, seiner Lieblingsprovinz ein dauerhaftes und ausserordentliches Glück zu versichern, indem er sie von allen Verbindungen

dungen mit dem brittischen Staat trennte, und sich selbst übergab.

Wie William Pen, dieser vortrefliche Erbensohn, auch in der Folge solches Land zur blühendsten und glücklichsten Provinz in Amerika gemacht; wie er sie durch weise Geseze, sanfte Sitten und nüzliche Künste gebildet; wie eine Toleranz, wovon man kein Beyspiel hat, das Land bevölkert, und es mit Reichthümern angefüllt hat: das Alles sind längst bekannte Dinge.

Niemals ist also ein Besiz gerechter gewesen, als der Familie Pen ihrer. Auf der einen Seite garantirte ihn ein gesezmässiger Erwerb, und auf der andern die heiligen Rechte der Wohlthätigkeit, der Erhaltung, der Bildung, der Dankbarkeit.

Man braucht mehr nicht anzuführen, um den Wohlstand der Provinz Pensylvanien zu zeichnen, als ihr schnelles Wachsthum in der Bevölkerung. Als sie Pen zuerst betrat, diß ist ungefähr im Jahr 1682, betrug die Menschenzahl 500 Personen: heut zu Tag sind 3,22000 Seelen vorhanden.

J 2   Diese

Diese Bevölkerung iſt, zufolge der Grund-
ſäze der politiſchen Rechenkunſt, kein Produkt der
Generation: ſie überſteigt den Calcul der Natur,
Sie iſt eine Folge der Einwanderung.

— Und was bewegt dann die Fremden zu
dieſem auſſerordentlichen Zufluſſe? Fünf ſimple
Grundſäze, worinn der Kodex des Staats beſtehet.
Erſtlich, jeder Bürger, der fünfzig Acker beſizt, iſt
ein Mitglied des Nationalraths. Zweitens, alle
Rechtsgelehrten und Aerzte fürs Geld ſind proſcri-
birt. Drittens, in Penſylvanien herrſcht eine un-
beſchränkte Dulbung der Religionen und der Meinungen. Viertens, der Friede iſt das vornehmſte
Grundgeſez des Staats. Fünftens, keine Soldaten, keine Armeen und keine Waffen,

Dieſe Züge ſinds, welche Philadelphia zum be-
neidenswürdigſten Aufenthalt von der Welt gemacht; welche das Land mit blühenden Fluren und
Städten, und mit tugendhaften Menſchen bereichert; welche mit einem Wort der Stadt den Nahmen Philadelphia * mit Recht erworben haben.

Inzwi-

*) Bruderſtadt — Liebesgemeinde ꝛc. ꝛc.

Inzwischen lehren uns die öffentlichen Nachrichten, daß in der Generalversammlung des sogenannten amerikanischen Congresses, vom 23 September 1779, beschlossen worden sey, daß das Eigenthum der Provinz Pensylvanien mit der Sicher-
heit des Staats nicht mehr bestehen könne; und daß
demnach den Erben des William Pen ihre Ansprüche auf dieses Land und dessen Herrschaft, für
130,000 Pfund Sterling, abgenommen, und die
Provinz in eine Domaine der Republik verwandelt
worden sey.

So offenbar ist die Verrätherey vom Mißtrauen begleitet, daß ihr auch die friedfertigste und
liebreichste Gemeinde Furcht erweckt.

Welcherley Revolutionen auch Pensylvanien
von nun an unterworfen ist: so wird der Nahme des
edlen Pen ihres Stifters, unvergeßlich bleiben.
Die Provinz wird noch lang ein Beyspiel der
menschlichen Aufklärung in der Geschichte seyn.

Ja — wann die Uebel meiner Krankheit nicht
durch den Raum eines grossen Meers sich vermehrten: so wäre es nur in deinem Busen, reizendes Pensylvanien! wo ich den Rest meines Lebens zu verle-
ben wünschte. Eine holde und sanfte Sonne lächelt

dich

dich an. Eine ewige Blüthe bedeckt deine Felder.
Das gröste unter allen menschlichen Gütern, der
Friede, beherrscht deine Gränzen ununterbrochen.
Deine Einwohner leben, von allen Gütern der Na-
tur und des Lebens umringt, im Ueberflusse. Ein-
tracht, Sitten und Duldung sind deine vornehmsten
Kennzüge. In dir kennt man weder Steuren,
noch Frohnen, noch eine Einquartirung, noch
Kommissare, noch Henker. — Beneidenswürdiges
Land! zu diesen Vorzügen zählst du ehrliche Män-
ner und schöne Weiber.

Ueber

Ueber die Buste der Madam Brandes.

Ein Beytrag zum Theateralmanach.

Nicht immer beschäftigt sich die Geschichte, Begebenheiten zu erzählen. Seht oft pflegt sie über ungeschehene Dinge Betrachtungen anzustellen; dann, vermög einer räsonirten Vergleichung des Gegenwärtigen mit dem Zukünftigen, die Ideen des Geists zu erweitern, ist einer ihrer wichtigsten Vorzüge.

Es ist sehr zweifelhaft, ob uns die Thaten unserer Vorältern mehr unterrichtet haben, als die Betrachtungen, womit die philosophischen Köpfe, welche die Geschichte der Zeiten schrieben, zuweilen ihren Vortrag unterbrachen. Die Grundzüge unserer heutigen Moral und Politik liegen größtentheils in dergleichen Stellen.

? Wahr ist, daß sie vom Pedantismus den Nah-
men der Ausschweifungen erhalten haben. Aber
just diese Ausschweifungen der Xenophon'e, der
Plutarch'e, der Robertson, sinds, worauf das
Schöne, das Nüzliche und das Lehrreiche der
Geschichte beruhet.

Diesen Grad des Verdiensts nun haben die
Ausschweifungen, wozu ich mich manchmal un-
terwinde, zwar nicht an sich. Gleichwol stehen
sie in einem historischen Journal an ihrem Plaz,
welches mehr für die Zerstreuung angelegt ist, als
für den Unterricht.

— Dann was sollte mich immer berechtigen, den
Chronologen einen wichtigern Zweck zuzutrauen?
Spielzeuge die unter den Ephemeren des Tags mit-
flattern mögen! Wie sehr würde man sich irren,
wann man sich in unserm Jahrhundert aufwerfen
wollte, zu belehren.

Eine augenblickliche Verachtung würde diesen
stolzen Selbstbetrug bestrafen. Die Kunst eines
Schriftstellers ist, den Geschmack seiner Zeit zu er-
rathen: und das Meisterstück der Kunst ist, sich
darnach zu richten.

Aber wirds das meinige seyn?

Unter

Unter den Erfindungen des menschlichen Genie
ist die Heiligsprechung eines der grösten Meisterstücke. Den Menschen aus der Mitte seiner Gattung
herauszuheben; ihn auf eine über alle übrigen Menschen erhabene Stufe stellen; ihn den Göttern an
Unsterblichkeit gleich zu machen, ist der kühnste, und
zugleich der glücklichste Einfall, den das menschliche
Gemüth erreichen konnte.

Nur die höchste Vernunft, und die tiefste Einsicht
in die menschliche Seele konnte ihn hegen. Daß die
Ehre der mächtigste Leitfaden der Menschen sey, zu
entdecken: diese Entdeckung zu benuzen war ein Werk
der erhabensten Philosophie und der feinsten Politik.

In der That, die Ehre, dieser unerklärbare aber
feurige Zug der Seele, ist in der bürgerlichen Oekonomie ebensoviel, was der Glaube an die Unsterblichkeit der Seele in der geistlichen Oekonomie ist.
Er erschüttert die Seele; er bewegt sie ihre Sphäre zu verlassen, und sich in unbekannte Höhen zu
schwingen.

Er ists, welcher jenes Hochgefühl der Menschheit, jenen Thateneifer, jenen Opferdurst fürs Va-

terland,

Unter den Erfindungen des menschlichen Genie ist die Heiligsprechung eines der grösten Meisterstücke. Den Menschen aus der Mitte seiner Gattung herauszuheben; ihn auf eine über alle übrigen Menschen erhabene Stufe stellen; ihn den Göttern an Unsterblichkeit gleich zu machen, ist der kühnste, und zugleich der glücklichste Einfall, den das menschliche Gemüth erreichen konnte.

Nur die höchste Vernunft, und die tiefste Einsicht in die menschliche Seele konnte ihn hegen. Daß die Ehre der mächtigste Leitfaden der Menschen sey, zu entdecken: diese Entdeckung zu benuzen war ein Werk der erhabensten Philosophie und der feinsten Politik.

In der That, die Ehre, dieser unerklärbare aber feurige Zug der Seele, ist in der bürgerlichen Oekonomie ebensoviel, was der Glaube an die Unsterblichkeit der Seele in der geistlichen Oekonomie ist. Er erschüttert die Seele; er bewegt sie ihre Sphäre zu verlassen, und sich in unbekannte Höhen zu schwingen.

Er ists, welcher jenes Hochgefühl der Menschheit, jenen Thateneifer, jenen Opferdurst fürs Va-

K 2   terland,

terland, jene Heldenleibenſchaften anblies, wordurch ſich gewiſſe Männer über gemeine Sterbliche
erhuben; welcher einen Orpheus, einen Herkules,
einen Romulus vergötterte.

Unter allen Reflexionen, die bem Leſer der Geſchichte, welche auf den Gang der menſchlichen Erfindungen und Nachahmungen aufmerkſam iſt, bey-
fallen, iſt dieſe die anziehendſte, daß der Grundſaz,
den Patriotismus zu kanoniſiren, in der politiſchen
Geſellſchaft nicht fortgeſezt wurde. Die Heilig-
ſprechung, dieſes wahre Nachbild der Apotheoſe, iſt
ein Monopol der Kirche geblieben.

Ein unerſezlicher Verluſt für die Religion des
Staats. Dann die Vergötterungskunſt bleibt unter allen Denkmälern, die wir von der Einſicht und
Staatsklugheit der Alten haben, das bewundrungs-
würdigſte. Sie ſcheint in der Kunſt, die Menſchen
zu leiten, in dieſer wichtigen und für die Geſellſchaft
ſo nothwendigen Kunſt, der gröſte und intereſſanteſte
Reſſort zu ſeyn.

Ohne Grund will man behaupten, daß die Hei-
ligſprechung in der Kirche ihren Urſprung dem Verfall der Künſte im Orient ſchuldig ſey: ſie iſt unſtreitig

tig mit der Mythologie der Alten herübergekom-
men. Mit Unrecht sagt man, daß nachdem das Talent den Marmor und das Erz zu verewigen verlohren gegangen sey: so wäre man auf die Gedanken
gekommen, die Verdienste zu kanonisiren.

Nationalstifter; Erfinder; Volkslehrer; Gesezgeber; Eroberer; diß sind die Ansprüche, welche zu Memphis, zu Rom, zu Athen das Recht der
Kanonisation erwarben.   Sie sinds, welche einem
Osiris, einem Taut, einem Bachus, einem Merkur,
einem Minos die Ehre der Unsterblichen zueigneten.

Die Nachahmung grosse Pflichten zu erwecken;
den Heldeninstinkt der Tugend anzufeuren; die hohe Begeisterung zu edlen Thaten in einem besondern
Geschlecht zu verewigen, war der Zweck der Vergöt-
terung, bevor er von der Kirche in einen Handelszweig verwandelt wurde.   Die Ehre vom Olymp
abzustammen, war ein unmittelbarer Beruf zu
Großthaten, und das Heldenverdienst eines Herkules lebte in der Brut der Herakliden, über fünfhun-
dert Jahr nach seinem Tod.

Der Grösse und Erhabenheit dieser Absichten war
ihr Lohn gleich. Wie konnte man den Fanatismus

der

der Tugend und des Vaterlands stärker befeuren,
als indem man ihn zu einer göttlichen Eigenschaft
machte.

Ists möglich, daß wir dieses grosse Triebwerk
des Verdienstes verkennen? Wie lang mus das
Sprüchwort noch sagen: alle Wege gehen Rom
zu; warum mus es nicht sprechen: alle Wege gehen dem Verdienst zu?

Vielleicht hat kein Jahrhundert ein dringenderes
Mittel das Verdienst zu beleben nöthig gehabt, wie
das unsrige. Vielleicht ist keinem Jahrhundert ein
tüchtiges Mittel das Verdienst zu ehren, mehr abge-
gangen, als dem heutigen.

Der Adel, den die neuern Zeiten erfunden haben,
ersezt der Gesellschaft den Verlust der Apotheose
nicht. Er reicht nicht an das hohe Bild der Unsterblichkeit. Wie sollte ein Mensch, der seinen
Nahmen auf dem Markte gekauft hat, sich mit
Männern vergleichen dörfen, die mit den Göttern trinken?

Eben so wenig sind der feile Marmor und die ver-
dächtige Leinwand fähig, das Andenken eines würdigen Mannes der Nachwelt zu übergeben: sie, die in
die

die Boutifen der verächtlichsten Pfuscher herabge-
stiegen sind, die mit Tänzerinnen buhlen, und einen
Mandrin oder einen Tartuf so gut bedienen, wie einen Pitt oder einen Gangavelli.

Brächte jedes Jahrhundert seinen eigenen Homer herfür, so wären unsere Vorschläge überflüssig. Wann alle Denkmäler der Kunst der Lysippe
und der Mengs vergangen seyn werden: so wird
der Nahme Achills noch leben. Wann der Himmel
mit allen Göttern in Trümmern zerfallen wird: so
wird das Andenken Hektors und Ulyssens noch bestehen.

Aber diese Hofnung ist uns entsagt. Ein Raum
von dritthalb tausend Jahren belehrt uns, daß das
Bestreben, den Sänger Ilions — diesen Einigen
Mann — in dessen Gedicht einen Plaz zu haben die
Xaviere ihren Siz im hohen Olymp vertauschen
würden — wiederzufinden vergeblich sey.

Was ist uns also übrig, die Ehre unserer Zeitge-
nossen zu verewigen, und unserm Jahrhundert Gerechtigkeit zu leisten? Vergebens wird die Nachwelt
sich bemühen, die grossen Genies, welche dasselbe be-
leuchten, zu entwickeln.

Ver-

Vergebens wird sie nach den Ueberbleibseln der Weltweisen, der Helden — und jener tugendhaften Regentenreihe, die ein eigener Unterscheidungszug unserer Zeiten ist — fragen. Vergebens wird sie diejenigen aufsuchen, deren Einfluß sie die grosse Revolution der Sitten, der Geseze und der Regierungen schuldig ist, wovon sie umrungen ist.

Kurz: vergebens wird sie die Nahmen Friederich II, Katharine II, Marie Therese, Kolbert, Quesnay, Voltaire ꝛc. ꝛc. unter den Unsterblichen suchen: sie werden in den Biographien der Schriftsteller ihrer Zeit, in den Pfuschwerken der Mahler, der Bildhauer, der Gypser, der Töpfer ihres Jahrhunderts verlohren seyn.

Nichts als die Wiederherstellung der Apotheose kan uns befriedigen.

Mit welch traurigem Gefühl liest man die Ankündigung, die der Gemahl der Madam Brandes, vom ersten März 1780, aus Mannheim macht. Die Nachwelt ruft dem Herrn Brandes, einem deutschen Schauspieler, aus dem Lymbus zu, das Bild seiner Gemahlin aufzubehalten. Seine bezauberten Zeitverwandten bethen es bereits in einem Gemählde vom Herrn Graf in Dres-

Dresden, als Ariadne auf Naxos, an. Noch
ist Herr Brandes genöthigt, eine Subscription in
den öffentlichen Zeitungen zu eröfnen, um seine Gemahlin für zwey Reichsthaler fünf Groschen an-
zutragen, auf einem Kupfer, das er bey dem berühmten Herrn Sinzenich veranstaltet hat —

— Und nur auf einem Kupfer? Unempfindliche
Zeiten! Schwaches Jahrhundert!—Hier liegt das
Beyspiel unserer Betrachtungen in seiner Grösse.

Schön ists, für den Glauben an die Götter sein
Blut vergiessen: aber sich fürs Vaterland aufopfern,
ist kein minder wichtiges Verdienst. Was hindert
uns Herman'n, Karln dem grossen, dem Erfinder
der Buchdruckerkunst 2c. 2c. in Deutschland Tempel
zu errichten? Warum besinnt sich Italien, neben
die Altäre der heiligen Lorenze und der heiligen Se-
bastiane, Altäre für seine Medicis, für seine Kolomb und Galiläi zu bauen? Peter der Grosse,
ist er nicht Rußlands Odin? Verdient der Nahme
Wilhelm Tell's nicht, daß man ihm in der Schweiz
festliche Ehrenspiele stiftet? Und würde man in
Holland Unrecht thun, Beuckelzoon zum Natio-
nalheiligen zu erklären?

K 5 Was

Was sind die Verdienste aller dieser Männer gegen der Schaubühne? Sie ist der grosse Gesichtspunkt unseres brutigen Jahrhunderts. Sie hält
das Zepter der Sitten, der Künste, des Luxus und
der Beschäftigungen in der Hand. Für sie arbeiten Staatsmänner und Weltweise; und Helden empfangen ihre Lorbeerkronen aus ihren Logen. Sie
giebt den Ton der Gesellschaft; und von ihr lernen
unsere Kleinmeister, wie man lieben, und wie man
sterben muß.

Ja, es ist an dem, hätte die Einführung der Ca-
nonisation in der weltlichen Gesellschaft sonst keine
Empfehlungsgründe vor sich: so wäre es die
Schaubühne.

Direktoren der Nationen! Euch kommt's zu, dieses grosse Projekt ins Werk zu stellen. Die Folgen,
welche davon abhangen, sind vom interessantesten
Umfang. Auf der Seite der Sitten ist die Heiligsprechung der bürgerlichen Tugend ein Mittel, den
Glauben an dieselbe zu befördern. Sie ist das sicherste Werkzeug, das Verdienst vor der Entweihung zu
schüzen: wofern die Ehrfurcht fürs öffentliche Verdienst zur Religion gemacht wird: so wird sie die

Men-

Menschen abhalten, sich daran zu vergreifen, aus Furcht in ein Sakrileg zu fallen.

Auf der Seite der Politik ist sie ein Stof, den grossen Grundsaz des Staats, die Menschen zu benuzen, in seiner Vollkommenheit zu erreichen. Nichts ist fähiger, den Patriotismus zum allgemeinen Interesse zu machen, als wann der Glaube an die Ehre zum Sakrament wird. Die Legende der weltlichen Heiligen müste das Manuel der Patrioten, der Helden und der guten Bürger seyn.

*

So weit war ich in meinen Betrachtungen, als mich der Schlaf überfiel. Meine geschäftige Einbildungskaft sezte die Materie im Traum fort.

Mich dunkte, als ob sich im Mittelpunkt des Erdballs ein prächtiger Tempel erhöbe, dessen Kuppel an die Wolken zu reichen schien. Jede seiner Seiten war gegen einen der vier Welttheile gerichtet; und ein Ozean, welcher um das Gebäud herfloß, versperrte den Eingang.

Der

Der Tempel war von Grund auf aus parischem Marmor. Die berühmtesten Meisterstücke der Künstler aus allen Jahrhunderten und in allen Werken schmükten ihn aus, wie geweihte Opfer: und eine Brücke von inkrustirtem Gold, Elfenbein und Demanten, die einen unermeßlichen Schimmer von sich warf, machte die Ueberfurth.

Ich näherte mich dem Tempel. Zween Obelisken von Granit formirten ein Architrav, in welchem ein Hierogliph flammte, mit den Worten:

Bethet die Unsterblichen an.

Nachdem ich mich aufs Angesicht niedergeworfen und folgenden Seufzer des Horaz wiederholt hatte — Trojam et Anchisen et almae progeniem Veneris canemus: so fuhren mit majestätischem Krachen zween eiserne Thorflügel auf, und eröfneten mir den Eingang.

Itzt sah ich mich im Innern des Tempels. Vier Abtheilungen stellten eben soviel Kapellen vor, in deren Mitte ein erhabener Plattform lag. Diese Kapellen enthielten eine Summe Nischen in zirkelförmi

gen

gen Reihen. Im Grund jeder Nische war eine Büste auf einem Piedestal, das einen Altar bildete.

Auf dem Plattform, im Mittelpunkt des Tempels, war ein feyrlicher Altar, an welchem die
Reichthümer aller vier Welttheile verschwendet
zu seyn schienen. Barbarisches Gold mit brasili-
schen Brillianten, Jaspis aus Egypten, Ebenholz
und persische Teppiche kleideten ihn. Dieser Altar
aber war ganz leer: keine Figur sah man auf ihm.

In tiefer Betrachtung stand ich, als plötzlich die
Grundsäulen des Tempels erschütterten. Eine hohe Glocke, deren Schall sich in alle vier Welttheile
zu verbreiten schien, schlug an. In diesem Augenblick kam von allen Seiten des Tempels eine Menge
Männer in egyptischen, griechischen, römischen, in-
dischen, barbarischen und europäischen Kleidungen
hervor, und umringte den Altar.

Nachdem sie Rauchfässer ergriffen hatten: so
warfen sie sich auf die Knie, und, immittelst eine
himm-

himmlische Sinfonie sich von den Chören des Tempels hören lies, brachten sie eine halbe Stunde in innerlichen Betrachtungen zu. Hierauf erhoben sie sich, und alle riefen mit einhelliger Stimme:

Ehre, Preis und Anbethung dem Unsichtbaren, dem Erschaffer, dem Erhalter, dem Taut, dem Birmah, dem Fo, dem Kiengtien, dem Demiurgos, dem Deus optimus maximus, dem Jehova, dem Gott aller Nationen und dem Urlicht aller Wesen!!!

Hieran erkannte ich, warum sich keine Bildsäule auf dem Altar befand, weil er Gott Selbst gewidmet war.

Wie die der Gottheit zuerst schuldige Pflicht vollbracht war: so theilte sich die Versammlung in die verschiedenen besondern Kapellen.

Ich

Ich folgte ihnen. Zuerst begab man sich in eine Kapelle, die die Ueberschrift führte: für die christlichen Weltweisen. Ich sah sehr bald ein, daß der Tempel, worinn ich mich befand, der Tempel der Unsterblichen war. Hier nahm ich die Busten derjenigen berühmten Männer gewahr, welche die christliche Offenbarung mit der Weltweisheit vereinigt, und das wahre Symbol der Religion entdeckt haben: die Busten eines Origines, eines Loke, eines Fenelon, eines Young, eines Ganganelli, und Ihres gleichen.

Zunächst dieser Kapelle war die Kapelle fürs Heldenverdienst. Die Seitenwandungen und die Kuppel jeder Kapelle waren mit Trophäen ausgeschmückt, welche sich auf den Gegenstand bezogen. Hier sah man an eisernen und mit künstlichem Stahl verzierten Wänden verschiedene Denkmäler des Kriegsmuths hangen, den Wurfspieß Achill's, die Keule Herkul's, den Degen Cäsars, den Dolch Alexanders, das Schwerd Scanderbegs und den Commandostab Friederichs II 2c. 2c. Der Busten von Ninus an bis auf den Feldmarschall Romanzof war eine unzählliche Menge.

Die dritte Kapelle war den Gesezgebern geweiht. An porphyrnen Säulen hieng der Stab des Bachus, die Leyr Orpheus, der Dreyzack Neptuns. &c. &c. Sie wurden von den Busten des Zamolxis, des Brama, des Zoroasters, Lykurgs, Numa, Plato, Aristotels, Cicero, Newton, Galiläi, Voltaire &c. &c. umringt.

Der Dienst, den man an jedem Ort leistete, bestund darinn, daß man entweder das Werk, welches den Verstorbenen unsterblich machte, oder seine Lebensgeschichte vorlas. Dann es deuchte mich, als ob jeder Tag des Jahrs der Gedächtnißfeyr eines besondern berühmten Mannes, der sich durchs patriotische Verdienst verewigt hatte, gewidmet, und daß der öffentliche Almanach nach den Nahmen dieser Vaterlandsheiligen eingerichtet wäre.

Die=

Dieser Dienst bestund in Räuchern, Sinfonien, und Meditationen; und nachdem alle Huldigungen in den Kapellen vollendet waren, so begab sich die ganze Versammlung wieder vor den Hauptaltar, und rief mit Einer Stimme:

In Deo vivimus, movemur et sumus.

Diß war der Beschluß des Gottesdiensts. Alsdann hub sich ausserhalb dem Tempel, auf den Plänen und Terrassen des ihm geheiligten Bezirks, das Fest an, welches in Kriegsspielen, Gesängen, Triumphzügen, Schauspielen und Mahlzeiten, zu Ehren des Unsterblichen, dessen Tag man feyrte, bestund.

Die lezte Kapelle war die Kapelle des bürgerlichen Verdiensts. Die Busten Triptolem's, Homer's, Curtius, Kolomb's, Medices, Kolbert, Quesnay rc. rc. und unzählige andere, denen man die Erfindung des Ackerbaues, der Künste, der Vergnügungen schuldig ist, und welche das Glück der Menschen entweder durch ihren Fleiß erweitert, oder das

Leben derselben durch ihre Lieder aufgeheitert;
die die Künste des Friedens und den Genuß des
Lebens verbreitet haben.

Am Ende der Reihe war die Büste der
Madam Brandes von Herrn Sinzenich, als
Ariadne zu Naxos. Eine grosse Menge Menschen umgaben sie, ihre Huldigung auszudrü-
cken. Man sah Dichter, Künstler und Helden
mit den Trophäen der neuen Gottheit beschäftigt. Hinter dem Altar in einer Blende saß
Herr Brandes auf den Felsen, welcher sich beschäftigte das Hemd seiner Frau zu flicken.

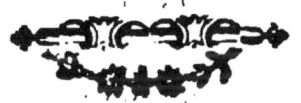

Joseph

Joseph II. Reise nach Mohilow.

Der Besuch des Kaisers zu Mohilow, welcher für die Staatsklügler ein Räthsel ist, ist für natürliche Augen ganz simpel. Es ist möglich, daß ein Monarch, der mit seiner eigenen Aufklärung so sehr beschäftigt ist, der sich ins Reisen verliebt hat, der Alles mit eigenen Augen sehen will, der die meisten europäischen Regenten in Person gesehen hat, begierig ist, Katharine II kennen zu lernen.

Der Ruhm dieser Fürstin, ihre glänzende Eigenschaften, der Besuch, den sie von andern Königen erhalten hat, rechtfertigen diese Neugierd vollkommen. Warum will man mehr sehen, wann der Kaiser nach Reisse oder nach Mohilow reist, als wann er nach Rom oder Paris gehet?

Gesezt, Joseph erweitere seine Reise bis nach Petersburg: ist es einem Kaiser weniger erlaubt neugierig zu seyn, als einem Privatmann? Ist der russische Hof weniger sehenswürdig, weniger schim-

K 2   mernd,

mernd, weniger berühmt, als die Höfe zu Neapel und Versailles?

Dieser Besuch wird aber merkwürdig durch die gegenwärtige Lage der europäischen Umstände.

Spanien und Frankreich sind aufs äusserste gespannt, ihren Entwurf auszuführen. Sie hangen an einer Katastrophe, worauf die Revolution ihres National-Handlungs-und Staatssystems beruhet. Aber sie werden die Folgen des gegenwärtigen Kriegs lang fühlen. Es wird viel Zeit vergehen, bevor sie sich in etwas mischen können, was in Europa vorgehet. Wann sie auswärts Alles erlangt haben: so haben sie noch innerliche Krankheiten, Regierungsmängel, Vorurtheile und Mißbräuche zu überwinden.

Holland ist beynahe eine Nulle. Der Krieg falle aus, wie er wolle: so ists zu seinem Nachtheil. Schon wirklich hat es seinen Einfluß in den Calcul des europäischen Kabinets verlohren. Das Geld wird die Republik noch einige Zeit erhalten. Wann dieses verzehrt ist: so wird sich Holland durch nichts mehr erhalten können, als durch eine Umänderung der Staatsform. Es würde heut oder morgen dem

Raub

Raub der Nachbarn zum Preis dienen: aber wann es seine Handlung verlohren hat, so wird es niemand der Mühe mehr werth halten, es zu erobern.

Schweden ist kraftlos; und die neue Regierungsform ist noch lang nicht so befestigt wie man sich einbildet. Es hat mit seiner innerlichen Bildung, mit der Gründung der Nahrung, der Industrie, des Throns genug zu thun. Eine einige verlohrne Unternehmung würde dem Staat einen tödtlichen Stoß versezen.

England ist der Mann, über dessen Haupt das Schwerd an einem Pferdehaar hängt. Verliert es seine Kolonien: so scheints mit ihm aus zu seyn. In der That ists von der Natur blos zur Handlung geschaffen, und England scheint vom Schicksal nicht bestimmt zu seyn, eine andere Rolle zu spielen. Unterdessen ists von diesem Endpunkt noch weit entfernt. Es wird, allem Ansehn nach, den Krieg länger aushalten können, als seine Gegner. Und wann es ihn noch eine kurze Weile aushält: so werden diese aufhören müssen. Noch hat es eine grosse Hilfsquelle in Ostindien; und wann es seinen Einfluß in die amerikanische Handlung verliert: so kan es durch seine Uebermacht in Ostindien wieder zur Ba-

L 3   lant

lanz kommen. Seine Conſtitution iſt ein Bürg ſeiner Stärke; wann dieſe jemals erſchüttert werden
ſollte: ſo iſts um Britannien geſchehen.

Amerika. Jeder gewonnene Scharmüzel, jeder Sieg über die Engländer iſt nichts als ein Hieb,
den der Staat ſich in ſein eigen Herz giebt. Eine
lange Reihe von Jahren wird erfoderlich ſeyn, bis
ſich Amerika formirt, bis es ſeine Wunden geheilt,
bis es Feſtigkeit und Stärke genug hat, eine andere, als leidende, Rolle in Europa zu ſpielen.

Oeſterreich. Alle Prinzipien der Politik und
der Billigkeit engagiren es, den Verluſt, den die Monarchie ſeit dem Regierungspunkt Karls VI erlitten, wieder zu erſezen, und das Haus Habſpurg
wiederum auf jene Höhe des erſten Rangs in Europa zu heben, welche es unter den Nachfolgern Karls
V behauptete, und um die es nur durch die Regierungen Ludwigs XIV und Friederichs II kam.
Der bourboniſche Bund, der eine Speculation des
Kardinal Bernis iſt, um die Ruhe in Italien zu ſi-
chern, iſt ſehr ſchwankend. In Pohlen ſind die
Sachen noch nicht vollendet. Niemals kan ein
dauerhafter Friede in Pohlen ſtatt haben, bis die
Provinz nochmal getheilt iſt; und man mus nicht

ſo

so sehr über die vorgegangene Theilung sich beklä-
gen, als man vielmehr die Mässigung der interessir-
ten drey Mächte bewundern muß. Solang die
Staaten von Oesterreich durch Schlesien mit den
Staaten des Hauses Brandenburg zusammgrän-
zen: so ist der immerwährende Krieg zwischen beyden eine Regel; und jeder Friede ist nur eine Aus-
nahme der Regel. Eine Allianz zwischen den Hö-
fen zu Petersburg und Wien würde ein Band seyn,
an dessen einem Ende die Reoccupation Schlesiens,
und am andern die Ruhe vor den Türken befestigt
wäre.

Deutschland. Seine Constitution ist nichts als
der Code des Lions. Zum ewigen Theater in-
nerlicher Bewegungen bestimmt, wird es den Vor-
ruhm einer kriegerischen und tapfern Nation behaupten, ohne andern furchtbar zu seyn.

Rußland wird noch lang dahin haben, bis die
Weissagung des Rousseau in Erfüllung gehet, daß
dieser Staat einst von den Tartarn erobert werden
würde. Nachdem Peter der grosse den Russen die
Ehrbegierde eingepflanzt hat, sich ins Gleichgewicht
der Mächte zu mischen, und an der allgemeinen Oekonomie von Europa Theil zu nehmen: so ist der

L 4   Krieg

Krieg in Europa für den Staat ein Geschenk der
Vorsicht, weil es ihm den einigen möglichen Weg
eröfnet, auf welchem er zu den grossen Mitteln gelangen kan, die die Entfernung und Natur seines
Lands jederzeit hindern werden, zu ihm zu kommen.
Seiner Lage nach hat Rußland keinen natürlichen
Feind, als Schweden und die Pforte. Die Acqui-
sitionen in Pohlen aber sezen es der Gränze Preus-
sens aus. Die unermeßliche Grösse des russischen
Reichs, die vortrefliche Verwaltung des Staats,
die schnelle Aufnahm der Agrikultur und der Industrie, die aufs feinste getriebene Politik des Kabinets zu Petersburg, die in der Knospe liegende
Handlung von Kamschatka aus, welche der allgemeinen europäischen Handlung überhaupt und der ganzen europäischen Staatsverfassung einen Um-
schwung drohet, berechtigen die Vermuthung, daß
Rußland einst Schiedsrichter in Europa werden,
und über das Schicksal seiner Freunde entscheiden
dürfte.

Preussen. Bey einem Staat, der auf lacedämo-
nische Grundsäze errichtet ist, ist der Krieg ein noth-
wendiges Uebel seiner Politik. Krieg und Frieden
müssen sich ablösen, so wie Schlafen und Wachen
beym Menschen. Die preussische Monarchie gründet sich auf die Ehrfurcht, die ihr gegenwärtiger Be-

herr-

herrſcher der Welt eingedrückt hat. Dieſer Eindruck
iſt aber nicht angebohren.   Die Neidere der preuſ-
ſiſchen Gröſſe warten nur auf den Augenblick, wo
ſie die Gelegenheit begünſtigt, ſich zu rächen.   Sie
müſſen entweder Preuſſen bemüthigen, oder erwarten, von Preuſſen gedemüthigt zu werden.   Die
Staatsverfaſſung Preuſſens iſt eine wundervolle
Maſchine, die aber blos durch die Kunſt des Mei-
ſters beſtehet.   Unterdeſſen wird ſie lang vor ihrem
Zerfall geſichert ſeyn, weil ihre Triebfedern unent-
deckt, und ihre Kanäle unergründlich ſind.

Diß ſind Träume, die man blos für Ausſchwei-
fungen einer müſſigen Einbildungskraft betrachten
muß.   Ich fühle vollkommen das Lächerliche, welches Denjenigen kleiden müßte, der in der Ecke eines ſchwäbiſchen Dorfs Blätter ſchreibt, und ſich
unterfangen wollte, von Staatsverhältniſſen zu rä-
ſoniren.   Ich kehre alſo wieder auf die Reiſe Jo-
ſephs II zurück.

Wann man die Natur groſſer Herren nach den
Neigungen gewöhnlicher Menſchen beurtheilen
dörfte: ſo würde ich behaupten, daß es ein bloſ-

ſer

ſer Zug der Galanterie vom Kaiſer wäre, ſeiner erd
lauchten Nachbarin Höflichkeit zu machen.   Allein
man weiß, daß der allgemeine Geiſt der Aufklärung
und des Wetteifers, welcher ſich über die europäi-
ſchen Höfe verbreitet hat, auf die Ehre ſeiner Anſprüche eiferſüchtig iſt.

Licht in der Finsterniß.

Wann man den Almanac des modes et cou stumes de Paris des Abbe Florifet, oder die Amours von Montmarte liest: so ists deutlich, daß die übrigen Nationen, ausser uns, Barbarn sind.

Es giebt keine gesunde Vernunft als in der Opera. Der Lord Pembrok redete einst den grossen Dauber val, ersten Solotänzer beym französischen Theater, an. — Savés vous ce quec'est que l' à plomb? fragte der Liebling Terpsichoren's — comprennée vous la gargouilladé? Eh bien voilà que vous étes barbare.

Was ist im übrigen ein Barbar? Ein Geschöpf, das sich nach den Gesezen der Natur zu leben bemühet, das nicht unsere Sitten, unsern Geschmack hat; kurz, das nicht à quatre epingles frifirt ist. Wir übertreffen in unserer Thorheit noch die Griechen: sie nannten nur, was nicht aus dem Peloponnes geburtig war, das ist was sie nicht kannten, Barbarn: aber wir nennen alle entfernte Nationen Barbarn, und prätendiren sie doch zu kennen.

Von

Von Lappland bis nach Japan ist kein Volk, daß seine Nachbarn nicht verachtet, weil sie nicht so leben und denken, wie man bey ihm denkt. Schlaget alle Bücher auf, welche von der einen Spize von Europa bis zur andern geschrieben worden sind: so findet ihr, daß immer eine Nation sich edler denkt als die andere, daß immer eine die andere Wechselsweis Barbarn nennt.

Wir rühmen die Weisheit der Sinesen, ihre Regierung, ihre Gesetze, ihre Künste und Verfassungen: gleichwol nennen wir sie Barbarn. Wir bewundern den Menschenverstand der Kalmuken: aber wir halten sie für Unmenschen. Die Einwohner zu O-Taheiti, von deren Sitten, von deren Tugenden, von deren Bildung, von deren Edelmuth unser Jahrhundert bezaubert ist, zählen wir immer zu den Wilden.

Es ist also gewis, daß die Natur dem Barbarismus keinen gewissen Siz bestimmt hat; und daß Tugenden und Flecken über der Erde ziemlich gleich ausgetheilt sind.

Unter den Nationen, denen wir vorzüglich die Ehre geben, sie für Barbarn zu halten, sind die Türken. Ungeachtet sie hundertmal unsere Ueberwinder waren,

waren, ungeachtet ihre Staatsverfassung, ihre
Manufakturen, ihre Religion uns überweisen, daß
sie Achtung verdienen: so beharren wir noch immer
mit dem lächerlichsten Stolz darauf, uns über sie zu
sezen.

Es ist wahr, die Türken verachten uns zur Wie-
dervergeltung.   Der Himmel verhüte, daß ihre
Verachtung nicht auf bessern Gründen beruhe, als
die unsrige. Dasjenige, warum ich ihnen feind bin,
ist, daß sie das Frauenzimmer quälen.

Das lächerlichste was sich bey unserm System
einfindet ist, daß wir gerade in eben demselben Falle
sind, den wir ihnen vorwerfen.   Le paradoxe est
la devise du monde.

Zum Beyspiel eine der vornehmsten Ursachen,
worauf wir unsere Grundsäze stellen, soll der Despotismus ihrer Politik seyn. Unterdessen ist nichts
so klar, wann man die Natur ihrer Regierungsver-
fassungen mit bewährtem Auge durchbringet, als
daß sie vollkommene Demokratien sind. Der Sultan ist der König, und die Janitscharen sind die Epho-
ren. Zu Algier, zu Tunis ic. ic. ist die Miliz, was das
Volk zu Athen war, und was es in Holland, in der
Schweiz

Schweiz ist. Im Gegentheil sind die Monarchien
Spaniens, Dänemarks, Rußlands, der ausgedehn-
teste Despotismus; und es fehlt ihnen nichts als ein
Muley-Ismael, ein Basilowiz, ein Christian II,
um die Rolle der verhaßtesten Tyrannen zu wiederholen.

Ein zweites Vorurtheil unserer Verachtung gegen sie ist, daß sie kein Buch leiden, als den Koran.
In der That, wann im Koran alles läge, was zum
menschlichen Wissen nöthig ist: wozu brauchte man
andere Bücher? Unterdessen treiben wir nicht die
nehmliche Idololatrie mit der Bibel? Ein gewisser
Calif, der die unermeßliche Bibliothek zu Alexandria
verbrennen ließ, führte zur Ursach an, daß man kein
anderes Buch nöthig hätte, als den Koran. Die
Schwärmer, woraus die Armee Cromwells bestund, sagten das nehmliche von der Bibel; und aus
diesem Grund wütheten sie auf gleiche Art wider
alle Bibliotheken in England.

Gleichwol ists gewis, daß der Koran sehr viel
Bon Sens enthält. Sonst wäre es unmöglich, daß
dieses Buch vom Berge Atlas an bis in die Wüste
Barka, ganz Egypten, die Küsten vom Ocean über
sechshundert Meilen lang, Syrien, Kleinasien, alle
Länder ums schwarze Meer und am caspischen Meer,
                                              ganz

ganz Indostan, Persien, den größten Theil von der Tartarey, den ganzen mitternächtlichen Theil von Afrika, Thracien, Macedonien, die Bulgarey, Servien, Bosnien, den Archipelag — also den größten Theil der Erde — beherrschen könnte. Muhammed ist unstreitig der berühmteste Autor in der Menschlichkeit.

Wie sehr müssen die Libellschreiber, die schönen Geister und die Witzlinge, die sich in Europa über die Türken so lustig machen, gedemüthigt seyn, wann sie diese Betrachtung machen. Wie klein müssen ihnen ihre Werke erscheinen.

Alle Nationen in der Welt haben ihre Periode der Finsterniß und des Lichts gehabt. Die Tour scheint nunmehr an die Türken gekommen zu seyn. Man hat erlebt, daß unter der Direktion der europäischen Gesandtschaften, und besonders der französischen und schwedischen, eine öffentliche Buchdruckerey zu Konstantinopel entstanden ist, die allem Ansehn nach Dauer verspricht.

Die ersten Werke, welche, der eigenen Wahl des Sultans nach, zur Presse bestimmt seyn sollen, sind, wie man sagt, die Uebersetzungen der Schriften des Prin-

Prinzen Caſtriotto von Albanien und der Hiſtoire philoſophique et politique des Etabliſſements et du Commerce des Européens dans les deux Indes vom Abbt Raynal.

Vermuthlich werden die Schriften Voltaire's, der Lady Montague, und ihres Sohns, bald nach-folgen. — Mit Recht hat man mit den Werken des geiſtvollen Prinzen Caſtriotto den Anfang gemacht. Sie allein ſind hinlänglich, den Irrthum zu wieder-legen, worinn wir wegen dem Genie der Barbarn befangen waren.

Aber, Katheberhelden, Orthodoxen, und ihr Kunſtrichtere zu Paris und zu Greifswalde — wann werden die eurigen folgen?

Ueber ein Divertissement in den Chronologen: von der Jurisprudenz der Küsse.

(S. Chronolog. II. Band, 236.)

Ein Beytrag.

Ich bin von denjenigen, welche die Ehre in die Chronologen etwas beyzutragen längst gewünscht haben; und ich habe daher die Erlaubniß, welche Sie im ersten Stück des gegenwärtigen Bands dißfalls eröfnet haben, mit Vergnügen gelesen.

Ihr Divertissement, wie Sie es zu nennen belieben, über die Jurisprudenz der Küsse, so schon in einem der ersten Hefte erschien, hat mir zu Betrachtungen Anlaß gegeben, deren Resultat Ihnen vielleicht nicht gleichgültig ist.

So schön Ihre Fantasie vom Verfall des Kusses ist: so deucht mich haben Sie das Gemälde bey weitem nicht vollendet. Sollte dann die Legisprudenz

M nur

nur allein den Kuß verderbt haben? Ist Ihnen
keine andere Seite bewußt, von welcher er viel
grausamere Entweihungen erlitten hat?

Ich bin nicht Rechtsgelehrter: ich nehme mich
dieser Sache also nicht aus Partheytrieb an.
Was ich eigentlich bin, das werden Sie aus
der Folge zu beurtheilen wissen.

Unstreitig haben die Menschen das Küssen von
den Turteltäubchen gelernt, wie Sie sagen.
Dann unter allen lebendigen Geschöpfen sind die
Täubchen und der Mensch die zwo einigen Gät-
tungen, welche küssen. Man weis, daß eine gewisse Sekte mystischer Christen die Nahmen Kreuz-
täubchen, Kreuzluftvögelein zu Symbolen der
Liebsküsse angenommen haben, die sie in ihren
heiligen Versammlungen entweder einander wirklich geben, oder doch als eine Gewohnheit der
alten Gläubigen erzählen. Jedoch von diesem
Punkt werde ich besser unten reden.

Vermuthlich ist der Kuß eben so alt, als die Natur, weil er schon zu den Zeiten Jobs verfallen war.
Die Stelle Kap. XXXI=27, zeigt deutlich, daß damals schon das Handküssen in der Mode, und daß
folglich

folglich der Kuß der Eve in ein Compliment aus-
geartet war.

Daß er in der Folge ein Werkzeug der Gewohnheit, des Ceremoniels, der Sclaverey und der Niederträchtigkeit ward; daß er von den reizenden Lip-
pen einer Daphne bis auf den Pantoffel eines abge-
lebten Priesters herabgesunken; daß er zum Para-
graf eines absurden Gesezbuchs dienen muste; das
ist traurig. Aber es ist nicht Alles.

Niemals ist der Kuß abscheulicher mißbraucht
worden, als, indem er zum Mittel der Verrätherey
und des Meuchelmords angewendet wurde. Kann
man ohne Abscheu lesen, daß der Kuß, welchen Domitian seinen Freunden gab, das Zeichen zu ihrem
Tod war?

Kan man mit Gebuld bemerken, daß die Mörder
des grossen Cäsars ihm die Stirne und die Knie in
eben dem Augenblick küsten, als sie ihm die Dolche
in Busen stachen? Nichts macht diese Handlung
verhaßter.

Kan man die Bibel ohne Schaudern eröfnen,
wann man auf die Stelle fällt, wo einer der vor-

nehm-

nehmſten Generale des heiligen Volks einen zweiten General, ſeinen Kamraden, verrätheriſcherweis
mitten unter einer falſchen Umarmung ermordet?

Kan man fortfahren zu leſen, wo eine Hure ſich
ins Bett eines heidniſchen Befehlshabers legt, um
ihn im Schlaf zu maſſakriren? Niemal hat man ſo
viel Laſter in Einer Handlung vereinigt geſehen.

Ich übergehe tauſend ähnliche Stellen, die zu
meinem Saz dienen, daß es die Jurisprudenz nicht
allein iſt, welche den Kuß entweihet, und welche eines der ſchönſten Geſchenke des Himmels in einen
Fluch verwandelt hat.

In der That, mein Herr, es iſt ſchwehr zu beſtimmen, auf welcher Seite der menſchlichen
Schwachheit der Kuß am meiſten gelitten hat, und
ob nicht alle vorſtehenden Mißbräuche noch von jenem übertroffen werden, den uns die Schriften eines Heiligen von den Gebräuchen der gnoſtiſchen
Chriſten anführen.

Allein

Allein erlauben Sie, daß ich einen Faden abreiſ-
ſe, der allzuzart iſt.   Ich wende mich lieber zur
Hochachtung ꝛc. ꝛc.

* . *

Ich bin unendlich von der Ehre gerührt, die Sie
mir erwieſen, meine Begriffe zu vermehren, und die
Chronologen zu bereichern. Ich würde Ihnen tau-
ſenderley Anmerkungen mittheilen zur Bekräftigung, wie ſehr ich Ihren Reflexionen Beyfall gebe.
Allein ich fürchte mich vor der magiſtralen Miene
der Profeſſoren, die ſich in unſere Diſſertation miſchen könnten, wann wir die Sache weiter triben.

Es iſt daran genug, daß wir beyde etwas vom
Kuſſe getändelt haben.   Das Sujet iſt zu unbe-
trächtlich und zu verächtlich, als daß es einer wirklichen Beſchäftigung werth wäre.

Hätten die Menſchen nicht das Küſſen von den
Täubchen gelernt: ſondern die Täubchen von den
Menſchen: ſo hätten ohne Zweifel noch eine Menge
Gattungen Thiere das Küſſen angenommen. Unter-
M 3   deſſen

deſſen weis man, daß der Menſch auf der Bahne der Begriffe immer ſpäter war, und daß die Thiere in den meiſten Dingen ſeine Lehrmeiſter waren.

Zum Beweis des hohen Alters vom Mißbrauch der Küſſe konnten Sie, mit Grund, keine grauere Urkunde anführen, als die idumäiſche Epopee, welche wir unter dem Titel Job kennen. Sie iſt unſtreitig, nach dem Shaſta der Braminen, die älteſte unter allen Schriften auf der Welt.

Die Beyſpiele, die Sie vom Domitian, von der Judit ꝛc. ꝛc. nehmen, würden Schaudern erwecken; wann nicht das erſtere vom Sueton erzählt wäre, und das zweyte in die apokryphiſche Klaſſe der bibliſchen Schriften gezählt würde. Unterdeſſen habe ich niemal ohne Widerwillen bemerkt, daß man die Scene im Mohren von Venedig, wo Othello, bevor er ſeiner Frau das Schnupftuch, womit er ſie erdroſſelt, an Hals legt, ihr zween Küſſe giebt; daß man, ſage ich, dieſe Scene noch immer auf der heutigen Schaubühne leidet.

Dieſe

Diese Stelle habe ich jederzeit für einen der un-
angenehmsten Züge im Shakespeare gehalten; und
wie sehr verliert sie in der Gegenstellung mit den Ge-
mälden Moliere's und unserer neuen Schauspiel-
dichtere?

Baisez la bouche elle repond à l'ame.

Ame contre ame alors est fort heureuse.

    Et c'est un paradis.

Was den heiligen Epiphanes betrift: so ist er
vielleicht von seinem Eifer zu weit getrieben worden, als er die Infamien beschrieb, welche in der
Kirche des dritten Jahrhunderts vorgiengen. Man
weis, daß Heilige leichtgläubig sind.

Immitelst denke ich Ihrer Meinung gar nicht zu
widersprechen. Der unvergeßlichste, stärkste und
traurigste Beweis, den ich derselben hinzufüge, ist,
der Kuß, der die Welt ihres Heilands beraubt hat.
zu.   M 4   Sie

Sie sehen, daß die ganze Christenheit interessirt ist, Ihnen Beyfall zu geben.

Das klügste, was wir beyde, meines Erachtens thun können, ist, daß wir die kritische Untersuchungen bey Seit legen, und dafür uns beeifern zu küssen. Und ich ersuche Sie verbindlich, gegenwärtige Beylage nicht anderst zu betrachten, als für ein bloßes Zeugniß, daß ich mich um die Ehre Ihrer Zuschrift verdient zu machen wünsche.

Der Verfasser der Chronologen.

Pius VI, Adrian, und die Via salaria.

Soll man neue Straſſen machen? iſt eine Frage, die blos für die Kanzley der Polizey gehört. Iſts nüzlich, die Prachtwege zu vermehren;
oder thut man beſſer, die Heerſtraſſen der Natur,
dem allgemeinen Wegbauer, zu überlaſſen? darüber
hat man ſich zur Genüge geſtritten.

Nichts iſt der Oekonomie und der Handlung er-
ſprießlicher, als wohleingerichtete Straſſen: nichts
macht der Polizey mehr Ehre, als prächtige Straſſen.

Es verhält ſich aber mit dieſem glänzenden Lux
gerade ſo, wie in andern Gattungen. Er iſt ſchön,
er iſt vortreflich, er iſt bewundernswürdig, wo er
mit Recht zu Haus gehört. Aber, wo die Noth
nach Brod ruft; da iſt er mehr nicht als ein ſchim-
merndes Elend.

Man weiß Länder, wo die marmornen Straſſen
zu nichts dienen, als daß die Anwohner darauf bett-
ken gehen.

M 5 Der

Der Stolz römische und griechische Werke zu
haben ist eine Raserey unsers Jahrhunderts, die
mit zu den Unterscheidungszeichen desselben gehört.
Aber ists unser Talent? Man fängt noch nicht lang
in Europa an, auf die Verschönerung der öffentlichen Strassen zu denken. Diß war eine von den
berühmten Beschäftigungen der Kaisere in China,
und der mogulschen Regenten.

Gleichwol reichen weder sie noch wir in diesem
Punkt an die Römer.

Nichts ist angenehmer, als in einem Pierutsch
auf einem geschlagenen Weg dahin rollen, der zu
beyden Seiten mit Bäumen besezt ist, zwischen welchen stolze Meilenzeiger prangen. Ich habe sogar
einmal einen Weg von zwölf wälschen Meilen gemacht, wo zwischen den Citroubäumen und marmornen Meilenzeigern noch Laternen stunden, auf
grün und weiß lackirten Säulen, deren transparen-
tes Glas einen theatralischen Schimmer von sich
warf. Ich muß gestehen, wann mich die Reise in
die elisäischen Felder geführt hätte: so hätte ich mir
keinen erträglichern Weg wünschen können, als
diese Allee.

Aber alles diß sind schwache Nachahmungen,
wann man die Ruinen von der Via Appiana, von

der

der Via Flaminia, von der Via Trajana, von der Via Aureliana siehet, die noch übrig sind. Die Römer allein waren im Stand, dergleichen Wege zu bauen.

Kein neueres Werk darf sich mit diesen Denkmälern der römischen Grösse vergleichen. Als August die prächtige Strasse durch das Thal im Piemont führte, das sich nach seinem Nahmen nennt: so muste er zuvor die Nation, welche die Gegend bewohnte, überwinden. Man siehet noch auf dem kleinen Sankt Bernhard den Triumphbogen, den ihm der Senat zur Ehre dieser Eroberung errichtete; und man versicherte mich, daß auf dem grossen Sankt Bernhard eine ähnliche Denksäule stehe.

In der Geschichte des zweiten persischen Kriegs mit den Griechen findet man, daß Xerxes Vorhabens war, einen Kanal durch den Berg Athos zu graben, um seine Flotte hindurchzuführen.

Die Ueberwundenen thaten niemals soviel für sich selbst, wie die Ueberwinder thaten.

Cäsar, August, Trajan zc. zc. bedienten sich ihrer Kriegsgefangenen in Gallien, in Spanien, in Asien bloß, um Städte zu erbauen, vornehme Strassen,

sen, Brücken, Kanäle, Triumphsäulen zu stiften, Häfen und Festungen anzulegen. Jede ihrer Eroberungen ist mit diesem Karakter bezeichnet.

Der Fall des römischen Reichs war der Umsturz aller grossen Werke. Europa verwilderte unter den Barbarn und Pfaffen wieder, und die prächtigen Strassen der Auguste und der Trajane versanken, mit ihren Tempeln, mit ihren Denksäulen, mit ihren Theatern, in Morast.

So lagen die Sachen einige Jahrhunderte. Endlich wurde man der Stiefel müde, und man fiel darauf, brauchbare Wege herzustellen. Diß war ungefähr um das Ende des dreissigjährigen Kriegs in Deutschland. Allein indem man die Strassen der Römer zum Muster nahm, ohne ihre Polizey zu besizen: so verfiel man in einen neuen Fehler. Man gab den Strassen eine Breite von sechszig Fuß: hierdurch entzog man dem Ackerbau zu viel Land.

Diß ist eigentlich der Punkt, um welchen man sich in den Streitfragen über die Polizey der Strassen drehen sollte. Nicht die innerliche Kostbarkeit der Anlage an sich selbst ist's, was dem Staat schadet, sondern die unnüze Verschwendung des Erdreichs.

Ju

In der That ist die Anzahl der grossen Prachtwege,
wodurch sich die Römer verewigten, klein. Im
Gegentheil hatten sie besondere Kriegswege, die
nicht breiter als sechszehn Fuß waren, aber desto
tüchtiger gebauet.

Dem Jahrhundert Pius VI war es aufbehalten; unsere Begrife von den Strassen der Römer
durch ein neues Monument zu vermehren. Unter
die berühmten Strassen, wovon uns die Geschichte
Nachricht überliefert, gehört der Weg in der ehe-
malige Vorstadt Adrians, welcher Via salaria
hieß. Adrian, der Thronfolger des Nerva, bau-
te ihn ungefähr im zwölften Jahr seiner Regierung.

Dieses Denkmal war völlig hin. Wie man
aber erfährt, so hat der iztregierende Pabst, auf die
Vorstellung des Prälaten Pretis, befohlen, die alte
Via salaria, von Corese an bis nach Terni, das ist
im grösten Theil ihrer Strecke, wiederum zu erneu-
ren und zu reinigen.

Ein Endschluß, der der Regierung Pius VI Ehre
macht, weil darurch eines der Denkmäler an einen
der liebenswürdigsten und verdienstvollesten unter
den Kaisern des grossen Roms erneuert wird — ein
Denkmal

Denkmal Adrians, des Nacheiferers des huldrei-
chen Trajans; Adrians des Tilgers aller Schulden
der römischen Bürgere; des Gerechtigkeitfreunds;
des Siegers; des Empörungsstillers; des From-
men; des Gütigen; des Beschützers der Wissenschaften; des Lieblings seines Reichs.

Man ehrt seine eigene Tugend, wann man den
Ruhm seiner Vorgänger ehrt.

Unter den süssen Früchten des glücklichen Friedens, welchen das unter der Herrschaft der Kirche
befangene Italien seit zweihundert Jahren in unge-
stöhrter Ruhe geneußt, ist diese für die Menschlichkeit vom vorzüglichstem Werth, daß die Ruinen der
ehemaligen römischen Grösse und Kunst, die Meisterstücke jener berühmten Jahrhunderte aufgelesen,
und der fleißahmenden Nachwelt vorbehalten worden sind.

Die

Die Friedensadvocaten.

Eine Anecdote

zum bürgerlichen Rechte.

Daß jener Galimatias, den man das römische
Recht nennt, nichts als eine Wirkung der
üblen Verdauungskraft eines alten und kindischen
Tirannen, und eines odiosen Zungendreschers, der
sein Kanzler war, ist, das weiß man seit ungefähr
35 Jahren.

Man weiß nehmlich, daß ein vor zwölfhundert
Jahren an der Spize des schwarzen Meers thro-
nender, den Pfaffen und den Weibern ergebener
Kaiser den Einfall hatte, die ehemaligen Gesezze eines freyen, kriegerischen Volks zusammtragen zu lassen; daß er diese Arbeit dem fadesten und unerträg-
lichsten aller Schwäzer auftrug; daß hieraus ein Chaos von Verordnungen und Grundsäzen entstund, welches die Nährmutter der Chikane und das Manuel aller folgenden Zungendrescher wurde; daß man in diesem heillosen Labirint, welches man das Corpus Juris

nennt,

nennt, niemal weder Licht noch Menschenverstand
finden konnte; daß es von den widerwärtigsten Ab-
surdidäten und Non Sens wimmelt; daß es Jahrhunderte lang das Unglück der Menschlichkeit gemacht hat.

Nicht genug. Man weiß, daß dieser Canevas,
der an sich selbst schon elend genug war, durch die
Mönchszeiten noch mit den Paradoxen des sogenannten canonischen Rechts durchwässert wurde; daß
hierauf noch die gothische, longobardische unblehens-
herrliche Gebräuche, deßgleichen die Ueberbleibsel von
der barbarischen Logik der Druiden hinzukamen; und
ein wahres HUMANO CAPITI daraus machten.*)

Das

*) Humano capiti cervicem pictor equinam
Jungere si velit & variás inducere pluinas
Vndique collatis membris ut turpiter atrum
Definat in piscem mulier formosa superne.
Spectatum admissi risum teneatis amici,
Credite Pisones, isti tabulae fore librum
Persimilem cujus, velut aegri somnia, vanae
Finguntur species; ut nec pes, nec caput uni
Reddatur formae.
      Horat. de arte Poetica.

Zur Instruktion derjenigen Zunftverwandten der
Gerechtigkeit, die den Horaz entweder nicht
kennen, oder nicht lesen: item zur Wiederer-
innerung derjenigen unter ihnen, die diesen Vers
zwar gelesen, aber vergessen haben diese Ex-
tension vom Verfasser der Chronologen.

Das alles weiß man. Aber wie es gesittete Nationen giebt, die diesen fremden Mischmasch zur Regel ihres Rechts nehmen; wie es Leute giebt, die ihr Leben darauf wenden, ihn zu studiren, auseinander zu wickeln; kurz wie er das Orakel des Publikums ist, das begreift man nicht.

Dank sey den Philosophen unsers Jahrhundertviertels, die uns die Fackel angezündet haben, uns aus diesem Irrgarten herauszuwinden.*) Preussen, Rußland, Sardinien, Toskana, haben den Anfang gemacht, und Europa das Beyspiel gegeben, wie man sich entschliessen muß, seine eigene, der Natur des Vaterlands angemessene Gesezze zu erwählen. Man hat zu hoffen, daß sich in dem Tempel der Themis eben derselbe Reformationsgeist ausbreiten werde, welcher in der Finanzkammer sich so vortheilhaft geäussert hat.

Ein Beyspiel hievon zeigt sich in unsern Gegenden. Einige deutsche Kavaliere, deren Güter theils an Bayern, theils an Schwaben gränzen, haben beschlossen, ein gemeinschaftliches Vergleich-Gericht zum Vortheil ihrer Unterthanen zu errichten.

Zum

*) Montesquieu, Thomasius, Voltaire, Blakstone, Beccaria, Linguet,

N II

Zum Muster haben sie die sogenannten Transactionsstuben, welche vor einigen Jahren in Frankreich entstanden, *) genommen. Zufolge dem wird das Vergleichgericht, so sie stiften, aus Edelleuten, Geistlichen und Rechtsgelehrten bestehen, welche ohne alle Advokaten, ohne Schriften, ohne Sportuln, ohne Unkosten, die entzweiten Theile durch die Gründe der Natur und der Billigkeit auszusöhnen trachten.

Die Frage, was ist recht, ist sehr alt. Inzwischen sind alle Nationen darüber eingekommen, der sicherste Prüfstein sey die Mehrheit der Stimmen. Sie war von den ältesten Zeiten her, und beinahe bey allen Erbvölkern die Regel des Rechten und des Billigen.

Ver-

*) Die ersten Bureaux d'accomodement wurden vom Duc de Rohan Chabot und seiner Gemahlin auf ihren Herrschaften in Bretagne gestiftet. — Vielleicht geht der Vollkommenheit des deutschen Nachbilds nichts ab, als daß es die Autorität erhalte, von Macht wegen zu vergleichen — zu sprechen: ihr müßt den Vergleich annehmen. Ein Verdienst, dessen dieses beyspielhafte und rühmliche Unternehmen würdig, und welches es bey der heutigen Conjunction der Sachen, und von der gerechtigkeitsvollen und menschliebenden Denkensart Joseph II, zu erwarten berechtigt ist.

Vergebens sagt ihr, daß die Barbarn selbst ihre geschriebenen Gesetze hätten. Schwäzer! Schlaget den Koran, den Vedam, den Zendavesta, das Gesezbuch der Samojeden, das uns Herr Pallas geliefert hat, nach. Ihr werdet sehen, daß es nichts als Verzeichnisse der allgemeinen natürlichen Moral, simple Grundsäze allgemein anerkannter Wahrheiten sind.

Quid est Jus? — Ars aequi et boni.

Friede ihren Schatten.

Eine Anecdote
zur Gespenster - Kritik.

Diese Anecdote ist völlig authentisch. Ich habe nichts
daran berührt, als daß ich mir die Freyheit genommen
habe, die Nahmen zu abbreviren: eine Vorsicht, die ich
der Sache schuldig zu seyn glaubte, um das Scandal, das
die Familie darüber empfinden könnte, zu unterdrücken,
und den Herrn Verfasser weder mit ihr noch mit der
Kirche in Ungelegenheit zu verwickeln. Inzwischen liegen
solche Urkunden beym Archiv der Chronologen, auf jeden Fall, wann sie zu einem historischen Beweis nöthig
wären.

Der General * * * ist einer von denjenigen Of-
ficiren, welche mit ihren Berufsgeschäften
noch das Studium anderer Wissenschaften verknüp-
fen. Er besizt eine vortrefliche Bibliothek; er macht
glückliche Aufsäze in verschiedenen Fächern der Gelehrsamkeit, und denkt und spricht mit Genie über die
Werke der Musen. Unter den Gegenständen, denen

eF

er seine Erholungsstunden insbesondere schenkt, haben die Genealogie und die Heraldik den Vorzug.

Der General ist von Jugend auf mit dem Hause des Marquis * * * verbunden. Er war Adjutant beym Feldmarschall, dem Vater des izigen Marquis * * *. Seitdem ist er ein ordentlicher Hausfreund in dieser Familie. Unendliche Höflichkeiten, welche, wie es bey Personen von feinerm Schlag gewöhnlich ist, einander gegenseitig abwechselten, schienen dem General nicht hinlänglich zu seyn, seine Achtung für den Marquis zu erklären. Er bemühte sich, Mittel auszusinnen, demselben einen feyerlichern Beweis, wie sehr er seinem Haus ergeben sey, zu zeigen.

Seine Liebe zur Genealogie bot ihm den Stof hiezu dar. Er fiel auf den Gedanken, den Stammbaum des Hauses der Marquisen * * * auszuarbeiten.

Ein Unternehmen, das dem Fleiße des Generals sehr viel Ehre macht. Nicht als ob der Stammbaum des Marquis * * * nicht schon längst in der Ordnung gewesen wäre. Aber die Familie * * * ist eine der erlauchtesten und ansehnlichsten in der Mo-

nar-

narchie; und so, wie ihn der General, mit historischen Noten, ausarbeitete, wurde er ein ganz neues,
und besonders vollständiges Werk.

In der That spahrte der General weder Mühe
noch Unkosten, dieses Werk so gründlich und ergänzt,
als möglich zu machen. Er hielt zu dem Endefür
theur Geld eigene Zeichner, Mahler, und einen Gelehrten, der ihm mit Aufsuchung und Anordnung
der nöthigen Urkunden an die Hand arbeitete.

Der Stammbaum war, auf zwölf Realbögen,
zu seiner Vollkommenheit gediehen. Eine einige
Lücke befand sich noch darinn. Diese Lücke betraf
eine in das Haus des Marquis * * * geheyrathete
Dame aus der Familie der Barone von * ** deren
Herkommen nach diplomatischen Erfordernissen
nicht zur Genüge aufgeklärt war.

Der General war zu circumspekt, um nicht die
Vorwürfe einzusehen, wozu dieser Umstand in einem
Staate, wo die Genealogie des ritter- und stiftmäs-
sigen Adels so strengen und so vielfältigen Untersuchungen unterworfen ist, heut oder morgen Anlaß
geben könnte : und zu eigensinnig in seinem Zweck,

um

um nicht ſeiner Arbeit die möglichſte Dauerhaftig-
keit und Ergänzung zu geben.

Er beſchloß, die Feder nicht niederzulegen, biß
dieſer Umſtand erhoben wäre. Da ſich zeigte, daß
die im Jahre 1758 ausgeſtorbene Familie der Barone * * * ihr Erbbegräbniß bey den Vätern des
heiligen Cajetan zu * * * hatte : ſo verſchafte er ſich
die Vergünſtigung, dieſes Mauſoläum eröfnen zu
laſſen, um die Urkunden, ſo er von der zweifelhaften
Perſon beſas, mit den Reliquien, die man in der
Gruft finden dörfte, zu vergleichen.

Dieſen Auftrag erhielt der Gelehrte, der mit dem
General zu arbeiten die Ehre hatte. Mit allen Urkunden, die zur Sache gehören, bewafnet, und die
ſeine Nachſpuhr leiteten, begab er ſich den 20 Au-
guſt 177' unter die Erde.

Von nun an laſſen wir ihn den Diskurs ſelbſt
fortſezen. Es ſind die eigenen Wörte aus dem von
ihm bey dieſer Operation geführten Protokoll.

„Die Gruft der Barone * * * liegt mitten un-
„ter dem Hauptaltar. Ein Umſtand, der die Schwü-
„rigkeiten der Unternehmung ſehr vermehrte, weil
„der

„der Altar von Grund aus abgebrochen werden mu=
„ste, um den Eingang, in die Gruft zu finden. Man
„muste zu dem Ende die Kirche verschliessen. Folg=
„lich muste man den Abendgottesdienst früher enbi=
„gen, und die Frühmesse später anfangen. Alles
„diß gab den Geistlichen ein Sujet, sich zu formali=
„siren. Allein ich lies ihnen Gold vor den Augen
„glänzen, und vermög dieses überall, und besonders
„bey den Mönchen, mächtigen Schwürigkeitüber=
„winders erhielt ich, was ich wollte.

„Die Arbeit sieng ich, Abends 7 Uhr, mit Hilfe
„zwölf handfester Kerle, an. Ich lies den Altar
„bey Seit rücken, und fand den Eingang der Gruft,
„der mit einer steinernen Platte von 18 Zoll im
„Durchschnitt verschlossen, und wohl verkittet war.

„Die Gruft enthielt nicht mehr als 32 Schuh in
„der Länge und 16 Schuh in der Breite. In die=
„sen Raum waren 28 Särge gedrängt. — Eine
„Zahl, die genau mit derjenigen übereintraf, welche
„mein Papier, zufolge der aus dem Familienarchiv
„gezogenen Verzeichnisse, besagte.

* * *

„Diese Särge waren zum Theil ziemlich volumi=
„nös: und besonders war derjenige, welcher die Lei=

„chen des Urstammvaters der Familie und sei-
„ner Hausfrauen, welche beyde , er in völ-
„ligem Harnisch und Ritteranzug, und sie als ei-
„ne Carmeliternonne, neben einander lagen, ent-
„hielt, eine ungeheure steinerne Masse, worinn ei-
„ne andere kupferne Masse sich befand.

„Man kan hieraus urtheilen , daß die Särge
„nicht nur einer auf den andern gebeugt waren;
„und in der That waren sie nach der vollkommensten
„Successionsordnung ihres Todes rangirt: die Alt-
„vaterleiche war die unterste ; sondern auch, daß ein
„sehr kleiner Raum übrig war, um zu operiren.

„Dieser Raum war , zwischen dem vordersten
„Rang der Särge und der Treppe wirklich nicht
„grösser, als 16 Schuh ins Gevierte. Man be-
„denke hiebey, daß wir uns selbt vierzehn, mich und
„den Kirchendiener hinzugerechnet, in diesen Raum
„schiken sollten.   Allein die Treppe half uns.

„Der Gegenstand meines Auftrags erfoderte
„durchaus, daß ich die Särge innerlich, von Leiche
„zu Leiche untersuchen muste: zumal da die wenigsten
„Särge äusserliche Aufschriften hatten, und die mei-
„sten unter den vorhandenen Aufschriften entwedet

N 5   „durch

„durch die Zeit, oder durch die Arbeitsleute, welche
„vom engen Raum schenirt waren, verderbt und
„unerkenntlich gemacht waren.

„Es ist beutlich, daß mir diese Maasregel unent-
„behrlich war. Man weiß, daß unsere Voráltern
„die Gewohnheit hatten, sich mit ihren Ehrenzei-
chen, mit Orden, mit Pettschirringen und andern
„Kennzeichen begraben zu lassen, welche ihr Geschlecht und ihre Würden unterschieden.

„In der That fand ich auch die Leichen sämmt-
„lich in einem solchen System, daß ich den Unter-
„schied des Geschlechts und sogar der Person genau
„beurtheilen, und sie ziemlich richtig mit den Pap-
„pieren, die ich besas, vergleichen konnte. Kurz,
„diese Maasregel half mir vollkommen, daß ich
„jedes Individuum am Costume, an der Archite-
„ctur des Sargs ꝛc. auffinden, und an seinen Plaz
„stellen konnte.

„Zu dieser Untersuchung aber war ein Plaz nö-
„thig, um die Särge zu transferiren; und diesen
„besas ich nicht. Die sechszehn Quadratfüße,
„die ich frey besas, reichten kaum zu, um einen Theil
„meiner Handlanger zu stellen.

„Hier

„Hier frag ich einen jeden aufgeklärten Mann,
„was er an meiner Stelle gethan haben würde?

„Vielleicht nichts anders, als ebendaffelbe, was
„ich that. Ich ließ den oberſten Sarg abheben, und
„nachdem ich ihn eröfnet hatte: ſo ließ ich ihn zu-
„ſammſchlagen. So den zweiten, britten, vierten
„und alle folgende nach der Reihe. Nachdem ich
„fertig war: ſo hinterließ ich die Gruft in ein Chaos
„von Holz, von Stein, von Menſchenknochen, von
„Juwelen und Ruinen verwandelt.

„Wann ich wegen phyſikaliſcher Beobachtun-
„gen da geweſt wäre: ſo hätte ich Gelegenheit ge-
„habt, tauſend wichtige Anmerkungen zu ſammlen.
„Nichts unterrichtet mehr als ein Zirkel von Leichen
„und von Grabmälern. Unterdeſſen ereignete ſich
„ein beſonderer Zufall, welcher würdig iſt, daß ich
„ihn anführe.

„Wir hatten bereits biß in die Mitternacht gear-
„beitet. Nun ſchien es mir Zeit zu ſeyn, meine Ar-
„beitsleute das Mahl einnehmen zu laſſen, welches
„ich für ihre Erholung in der Sakriſtey veranſtal-
„tet hatte. Ich bat ſie, daß ſie ihren Wein und Käſ
„genieſſen, und mich unterdeſſen allein arbeiten laſſen
„ſoll.

„sollten. Sie liessen mir nur eine einige Lampe
„zurück: neben dieser sas ich auf der Treppe der
„Gruft, mit dem Bleystift in der Hand, und meine
„Pappiere um mich her.

„Aus einer unglücklichen Vorsicht, daß keiner
„von ihnen, wofern er sich in der Kirche verlaufen
„sollte, in die Gruft stürzen möchte, deckten sie den
„Eingang mit starken Dielen, welche noch mit eini-
„gen Steinen beschwehrt wurden, dicht zu.

„Eine ungeschickte Bewegung, die ich im Schrei-
„ben machte, stürzte die Lampe um; und ich sas plötz-
„lich in der dichtesten Finsterniß. Vergebens klet-
„terte ich die Treppe hinan, und suchte die Oefnung
„mit den Händen. Ich fühlte, daß sie verschlossen,
„und daß ich mitten in einer grausamen und stinken-
„den Gruft unter Todten, deren Gebeine ich beun-
„ruhigt und zerstört hatte, von den Menschen ge-
„trennt war. Dieser Zufall war mir doppelt un-
„angenehm wegen dem Zeitverlust, den er mir zuzog.

„So sas ich ungefehr eine Stunde lang isolirt,
„und hatte Zeit vortrefliche philosophische und theo-
„logische Betrachtungen anzustellen, wann man im-
„mer aufgelegt wäre, dergleichen zu machen. Allein

„mich

„mich beschäftigte eine ganz andere Betrachtung:
„ich empfand bereits die Beschwehrlichkeit der ein-
„gesperrten Luft und der Ausdünstungen von dem
„Knochenhaufen, den ich gebauet hatte. Eine
„schreckliche Krämpfung der Brust, eine schwehre
„Athmung, die sich jeden Augenblick vermehrte,
„erinnerte mich an die Gefahr, in der ich mich be-
„fand. Und die Vorstellung, daß bey einer schnel-
„len Wiederöfnung des Eingangs sich der Druck
„dieser unterirrdischen Luft drängen und mich ent-
„seelen könnte, vollendete diese Ideen.

„Vergebens grief ich mich an, so laut als
„möglich zu rufen: die Sakristey war zu weit
„entlegen. Man kan sich den Ausgang der Sache
„vorstellen, weil ich noch da bin. Ich behalte mir
„blos noch bevor, die Betrachtnug anzufügen, die
„ich während meiner Einsamkeit in der Gruft
„machte.

„Du beunruhigst „so sprach ich zu mir selber"
„die Gebeine dieser Seeligen. Du stöhrst ihre Ru-
„he. Du zerschlägst ihre Särge, und wütest unter
„ihren Leichen. — Und das alles ohne eine erhebli-
„che Ursache: blos der Eitelkeit und einer weltlichen
„Neugierd zum Dienst. Acht und zwanzig Körper
„liegen vor dir zertrümmert, ihrer Stätte beraubt,
„mich

„mishandelt und von deinem Muthwillen beleidigt.
„Wie, wann nun die Hypothese vom Daseyn der
„Geister richtig wäre: wann die Propheten der Ge-
„spensterreligion, vom Apulejus an bis auf den
„Herrn Superintendenten Schwarze, recht hät-
„ten? — Kan man die Geister der Verstorbenen
„mehr empören? Kan man ihre Ahndung auf eine
„gröbere Art reizen? Kan man die Hölle toller
„herausfodern? — Ja, wann sich izt keiner unter
„diesen Todten rührt; wann sich keine einige von
„diesen Seelen für die Beschimpfung, die ihnen wi-
„derfahren ist, rächet: so müssen niemals Gei-
„ster möglich seyn?"

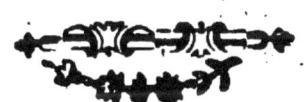

Anecdo-

Anecdote von Freron.

Ein Supplement.

(S. Chronolog. IV Band, 201.)

Sie haben im zweiten Heft des vorigen Bands der Chronologen den Nekrolog des Freron, mit eben soviel Laune als Gründlichkeit, gegeben. Aber Sie vergaßen einen der berüchtigsten Traits im Leben dieses Böswicht. Erinnern Sie sich nicht des Schreibens von seinem Schwager, dem Parlamentsadvokaten Herrn Royou, welches das Journal Etranger vom 6 März 1770 bekannt machte? Ich hoffe, Sie leisten Ihren Lesern Gerechtigkeit, diese Anecdote in einem der folgenden Heste nachzutragen.

„Freron heyrathete vor drey Jahren meine „Schwester. Mein Vater gab ihr zwanzigtau„send Livres mit. Diese brachte er mit Huren durch, „und mishandelte dafür seine Frau. Wie das Geld „alle war, so schickte er sie in einer Krätze nach Pa„ris. Unterwegs muste sie auf dem Stroh schlafen.

„Ich

„Ich eilte herbey, um von dem Unglücklichen Rai„son zu verlangen. Er stellte sich, als ob er Reue
„fühlte. Allein da er, wie man weiß, unter andern
„auch das Handwerk eines Spions trieb, und ihm
„bewußt war, daß ich in den traurigen Unruhen in
„Bretagne, meinem Berufe als Parlamentsadvo„kat gemäs, mich interessirte: so gab er mich behöri„gen Orts an, und erhielt ein Lettre de Cachet für
„mich. Er selbst überfiel mich an der Spize einer
„Truppe Polizeyschergen in meiner Wohnung in
„der Gasse de Noyers, des Morgens zehn Uhr,
„an einem Montag; lies mir die Eisen anlegen, und
„sezte sich an meine Seite in einen Fiaker. Wäh„rend der Wagen nach dem Fort l'Eveque fuhr: so
„hielt Freron die Ketten, woran ich geschlossen
„war, in der Hand.‟

Epochen

Epochen der französischen Marine.

Ein Gelegenheitsstück.

Man irrt sich, wenn man ausgiebt, Ludwig XIV habe sich entschlossen, Frankreich eine Marine zu geben, um seinem Ehrgeiz ein neues Relief hinzuzufügen. Noch weniger, um vor Genua Parade zu machen, oder einen Ritterschaftsstreich an den Algierern zu zeigen.

Die Aufrichtung eines Seewesens in Frankreich war die wahre Folge eines politischen Bedürfnisses und einer der überlegtesten und grösten Züge im Schema Kolberts.

Kaum hatte dieser grosse Staatsmann überlegt, daß, um die Eroberungen Ludwigs XIV zu Lande zu unterstüzen, und um die großen Absichten der Handlung zu erreichen, womit er umgieng, Frankreich eine Seemacht nöthig wäre: so empfand er alle Schwürigkeiten, die mit diesem wichtigen Entwurf verknüpft waren.

Er sahe genau ein, daß die Ausführung desselben nicht ohne besondere Mittel möglich wäre; und
daß es allzuschwehr seyn würde, neben den großen Landarmeen, die auf dem Fuß stunden, eine
Flotte zu erschaffen, wofern nicht eine außerordentliche Regel der Oekonomie zum Grund gelegt
würde.

Er hatte die englischen, die holländischen und
die spanischen Flotten vor sich; aber diß waren
nicht die Muster, die ihm dienen konnten. Indem
er auf der einen Seite das Blut des französischen
Adels kannte, dessen Regungen Ehrgeiz, kriegeri-
scher Ruhm und Thatendurst sind: so begrief er,
daß derselbe nicht zu bewegen seyn würde, sich
zum Nebendepartement eines Seewesens, zum
Schifsbau, dem Magazinwesen, dem Proviant-
wesen u. s. w. kurz zu jenen stillen und friedlichen
Details herunterzubeugen, welche den innerlichen
Theil im Seedienst, und die wichtigste Helfte desselben ausmachen; welche aber ein spekulatives
und sitzendes Temperament erfodern.

Dieser Betrachtung zufolg theilte er sein System
in zwey Fächer: in das militarische und in das Kanz-
leyfach. (L'EPE'E et LA PLUME: so
nannte man kurzweg das eine und das andere dieser

ser Departements.) Das erste widmete er blos der Expedition: das zweyte blos der Oekonomie.

Um dieUnkoſten, welche dieſesSyſtem erfoderte, mit der möglichſten Oekonomie zu verbinden, mäſſigte er die Beſoldungen. Dagegen aber führte er verſchiedene äuſſerliche Vorzüge ein, die, ſo wie er die Nation kannte, in den Umfang ſeines Plans gehörten, und die bey einem Franzoſen in gewiſſenFällen eben dieſelbe Würkung haben, wie das Geld.

Hiezu gehörte zum Beyſpiel der Sankt Ludwigsorden, den er in die Marine einführte, die Stiftung einer Seeakademie ꝛc. ꝛc.

Gleichwie ihm aber insbeſondere das Departement der Feder, weil es vorzüglich geſchickte und wiſſenſchaftliche Männer, deren Talente theurer ſind, erfodert, die meiſte Schwürigkeit zu machen ſchien: ſo nahm er um ſo mehr Bedacht, dieſes Departement zu diſtinguiren, je mehr er überzeugt war, daß es die Seele vom Ganzen wäre.

Zu dem Ende machte er es nicht nur vom erſtern Fach — dem militariſchen, völlig unabhängig; ſondern er führte in demſelben die nehmlichen Vorzüge

O 2   und

und die nehmliche Regel des Avancement ein, wie
bey jenem. Die von der Feder waren des Sankt
Ludwig Kreuzes fähig, wie die vom Kriegsdienst. *)
Es waren Abtheilungen und Stufenleitern in dem
Departement der Oekonomie wie beym militari-
schen Fach.

Die Feder theilte sich in sieben Bureaus. 1) Anfänger (Eleves); **) 2) Offizialen (Ecrivains);
3) Beamte (Ecrivains principaux); 4) Unterkom-
missaren (Commissaires ordinaires); 5) Oberkom-
missa-

*) Immittelst hat man nur in sehr späten Zeiten, un-
ter dem Ministerium des Herrn von Boynes, 1772.
die ersten Beyspiele, daß Mitglieder vom Departement der Feder das Sankt Ludwigs Kreuz erhielten.
Der Herr von Dabbadie, Oberkommissar zu Brest,
war der erste, an dem man diesen Orden sah. Zu
gleicher Zeit erhielt der Intendant zu Rochelle, Herr
von Ruis den Sankt Lazarus Orden.

**) Eigentlich ist die Klasse der Anfänger im Regle-
ment Kolberts, von 1689. noch nicht enthalten. Es
scheint, sie sey erst unter dem Ministerium des Grafen Maurepas, 1746. hinzugekommen. Wenigstens
ist so viel richtig, daß die Anfänger zu Kolberts Zeiten nicht besoldet waren. Der Graf Maurepas aber
war der erste Minister vom Seewesen, unter dessen
Schutz sie, so wie die übrigen Klassen, in wirkliche
Besoldung kamen. Nichtsdestoweniger gab es eine
Menge junger Leute unter Kolberts Regierung, die
von

miſſaren (Commiſſaires generaux); 6) Oberaufſe-
her (Intendants); 7) Miniſter (Conſeillers d'Etat).
Man muſte dieſe Grade von unten anfangen, und
man war nicht von der Hofnung ausgeſchloſſen,
ſich bis zum Miniſter hinaufzuarbeiten. *)

Dieſe Rangleiter lief in Parallellinie mit dem
militariſchen Departement. Der Anfänger hatte
den Grad des Gardemarine; der Offizial jenen des
Fähnrichs; der Beamte des Schiflieutenants; der
Unterkommiſſar des Kapitän; der Oberkommiſſar
des Chef d'Eskadre; der Intendant des Generallieutenants.

Die Feder war aller gewöhnlichen militariſchen
Ehren fähig. Bey den Begräbniſſen der erſten und
zweiten Klaſſe war eine Begleitung von Truppen, und
bey den übrigen Klaſſen kamen noch Canonen hinzu.
In gewiſſen Gelegenheiten hatte das Departement
der Feder das Präſidium: z. B. in Kolonieſachen ꝛc.

O 3   Uebri-

von ihren eigenen Mitteln beym Seeweſen, als
Practikanten, dienten, und nach Gelegenheit in Beſoldungen bey der zwoten Klaſſe eintraten.

*) Man hatte unter der Regierung Ludwigs XV. an
Herrn von le Normant, ein Beyſpiel hievon, welcher
ſich vom Eleve bis zum Intendanten zu Rochefort
aufgeſchwungen und an der Thüre ſtund, Miniſter
und Staatsſekretär, für den Herrn von Rouille, zu
werden.

Uebrigens war der Dienst so eingetheilt. Die einheimischen Bedürfnisse der Flotte, der Ankauf, das Bauwesen, die Ausrüstung, die Verrechnung, die Aufsicht in den Häfen u. s. w. und alle Gegenstände bis zum Auslaufen des Schifs, waren vom Departement der Feder. Das Militair-Departement hatte die Expedition, den Seedienst, die Aufsicht und Regierung solang das Schif auf dem Cours war, und die Kontroll über die Conduite und Rechnungsführung des zugegebenen Beamten von der Feder.

Diesem zufolg hatte das Militairdepartement den Vorrang. Es konnte nicht fehlen, daß nicht aus diesem System zuweilen lebhafte Uneinigkeiten zwischen beyden Departements entstunden. Sie wurden aber immer durch die Klugheit der Ministere, die von Zeit zu Zeit das Ruder der Marine hielten, und vornehmlich durch jenen Geist der Ambition, des Diensts und des Patriotismus, der den französischen Seehelden der alten Zeit gewöhnlich war, wieder unterdrückt; und die Sachen blieben in ihrem Gleichgewicht.

Dieses Schema hatte seinen glücklichen Bestand bis zum Zeitpunkt, wo der Herr von Rouille das Ruder des Seewesens erhielt. Dieser thätige und einsichts-

einsichtsvolle Geist fiel auf den Gedanken die französische Marine, welche unter dem mondsüchtigen
Regiment des Karbinal Fleury völlig eingeschlum-
mert war, wieder zu erwecken.

Er grief die Sache desto lebhafter an, je drin-
gender sie von einem der Krone Frankreich in der
Nähe androhenden Krieg gemacht wurde.

Hier giebt die Geschichte Anlaß, einen Blick auf
die Epoche Kolberts zurückzuwerfen. Ludwig XIV.
war das Genie, welches nicht nur grosse Werke zu
stiften, sondern auch die dazu nöthigen Männer
zu erschaffen wuste. Von eben demselben Geist
angeblasen, welcher alle Unternehmungen, die seine
Regierung verewigen, beseelte, wuchs die Marine mit erstaunenden Schritten an die Vollkommenheit empor.

Man bedarf nichts als die Jahrbücher *) zu lesen, um den Succeß der Flotte Ludwigs XIV. zu
bewundern. Sein Zeitpunkt wars, welcher die Du-
Guay, die Jean Barth, die Chateau - Renaud und

D 4   soviel

---

*) Siecle de LOUIS le Grand, par Mr. de Voltaire. —
Abrégé chronologique. du Président Hainault — L'Expedition De Gigeri par Pelisson. — Memoires de du
Guay - Trouin — Eloge; du Guay - Trouin par Mr. Thomas &c. &c.

soviel andere Helden herfürbrachte, die ihren Namen verewigt haben. *) Als er starb, so hinterlies er eine Seemacht von 100 Kriegsschiffen, die
mit Offiziren besezt war, welche jedem Gegner
den Ruhm streitig machen durften.

Unendlich entgegengesezt war diesem Bilde der
Zustand, worinn der Herr von Rouille die französische Marine antraf. Die Anzahl der Schiffe
war gering. Sie faulten in den Häfen. Die Arsenale waren leer. Die Flotte war von Offiziren entblößt. Es mangelte an Allem. Kurz der
Etat des Seewesens war gänzlich zerfallen. Die
Früchte des ersten Feldzugs fielen so aus, daß sie
die französische Flotte mit Schimpf bedeckten. **)

Dieser

*) Ludwig XIV. richtete seinen ersten Ausfall gegen
die Algierer, die er demüthigte. Hierauf maß sich
seine Flotte mit den Spaniern. Nachgehends schlug
er abwechslungsweis bald die Engländer, und bald
die Holländer. Der Verlust des Treffens bey la Ho-
gue, welches Jatob II. wieder auf den Thron einse-
zen sollte, sezte dem Ruhm der Seemacht Ludwigs
XIV. Gränzen.

**) Die Flotte des Marschall Conflans, ob sie schon dem
Feinde an Stärke überlegen war, floh 1756. vor dem
kleinen Geschwader des Admiral Hawke bis unter die
Batterien von Brest.

Dieſer Anblick brachte dem Herrn von Rouille die Reflexion bey, daß es vorzüglich die Parthie der Feder wäre, auf die er ſein Augenmerk werfen, und von welcher er die meiſten Reſſourcen erwarten müſte. Eine Reflexion worinn er durch die Talen-te des Herrn von le Normant, damaligen Ober-kommiſſars beſtärkt wurde, welcher ſich das Ver-trauen des Miniſters in einem außerordentlichen Grad erwarb.

Mit Hülfe dieſes Departements, welches unter dem Herrn von Rouille neue Vorzüge erhielt, ſtell-te dieſer Miniſter die franzöſiſche Marine in einen wirklich beneidenswürdigen und blühenden Zuſtand her.

Allein dieſe glückliche Revolution war ihr blos beſtimmt, um unter den Nachfolgern des Herrn von Rouille — den Herren von Moras, Maſ-ſiat und Berryer — wieder tiefer zu fallen.

Die Eiferſucht des Militärdepartement hatte den Vorzug der Feder längſt mit Neid betrachtet, und ſie machte unter dem Herrn von Rouille und ſeinem nächſten Amtsnachfolger, dem Herrn von Machault, verſchiedene Verſuche, das Syſtem dieſer Miniſter zu untergraben, und die Wagſchale auf ihre Seite zu leiten. Allein die unzuerſchütternde Standhaftigkeit

O 5   dieſer

dieser zween Chefs vereitelte ihre Bemühungen, und unterbrückte die kühnen Eingriffe des Militärdepartements.

Der unselige Krieg 1756. erschien; und diß war die Katastrophe, wo der Degen Gelegenheit hatte, sich die Uebermacht zu verschaffen. Die Schwachheit der zeitgenossenen Ministere unterstützte ihn hiebey. Der Seestaat fiel in eine Anarchie, welche dem System Kolberts die Gefahr drohete, gänzlich unterzugehen; wofern nicht die häufigen Fehler, welche in diesem Krieg begangen wurden, und die Menge Unglücksfälle so auf das Reich zurückfielen, die Nothwendigkeit augenscheinlich gemacht hätten, das Departement der Feder zu erhalten.

Die Insolenz des Degens war bis auf den Grad gestiegen, daß sie endlich selbst den blödherzigen Minister, welcher damals am Ruder der Seegeschäfte stand, Herrn von Berryer empörte. Die Sotise des Marschall Conflans bey einer Affaire, welche die Verachtung von ganz Europa auf sich zog, deckte dem Minister die Augen auf, und die Fehler des Degen retteten die Feder.

Man

Man empfand die Vorzüge, die ein schöpferi-
sches und erhaltendes Corps vor einem zerstören-
den Corps verdiente: und man fühlte die ganze
Verachtung, welcher ein Corps würdig war, das
binnen zwo Stunden die Arbeit eines halben Jahrhunderts verlohren machte.

Dem Herrn von Berryer folgte der Herzog von
Choiseul in der Marine. Man weis, daß unter
diesem erleuchteten und berühmten Minister alle
Staatsdepartements eine glänzendere Face erhielten. Er folgte dem Schem des Kolbert und des
Herrn von Rouille in der Maxime, die Balanz
zwischen dem Degen und der Feder aufrecht zu
erhalten.

Sein Minister drohte der Marine eine wichtige
Revolution. Vermög seiner durchdringenden Politik entdeckte er, daß die widrigen Zufälle, welche den
Staat im leztern Kriege durch die üble Aufführung
der Flotte trafen, nicht so sehr dem System derselben, als insbesondere einem Geiste der Unordnung,
der Insubordination, der Unwissenheit und Brutali-
tät, welcher sich ins Departement des Degens ein-
geschlichen, zuzumessen seyen. Er urtheilte, daß eine
gänzliche Umgiesung dieses Departements nöthig
sey. Er machte den würklichen Entwurf, das Corps
auf-

aufzuheben, und es von Grund aus nach verbeſ-
ſerten Regeln neu zu erſchaffen.

Aber ſo fein der Geiſt des Herzogs von Choiſeul, und ſo groß der Umfang ſeines Anſehens war:
ſo ſcheiterte er an dem Militärdepartement der
Marine. Das Corps verſchwohr ſich gegen ſeine
Maaßregeln. Ueber dieſen Widerſtand ermüdet
und verdrüßlich gemacht legte er ſeine Oberſtelle
bey der Flotte nieder. Er wollte mit dieſem un-
ruhigen und verlohrnen Departement nichts mehr
zu thun haben; er übergab es ſeinem Vetter, dem
Herzog von Praslin.

So mancherley Zufälle bey der Marine und ein
ſo häufiger Wechſel der Miniſtere hatten das
Grundgebäude derſelben nothwendig erſchüttert.
Eine wirkliche Revolution ſchien unentbehrlich zu
ſeyn. Der neue Miniſter war, dem Anſehen
nach, der Mann nicht darzu. Der Duc de Praslin war in der That, als er in ſeinen Poſten ein-
trat, mit den Reſſorts dieſes Departements nicht
genugſam bekannt. Auſſerdem iſt ſein Karakter
nachgebend und ohne Feſtigkeit.

Einem einigen, unbekannten Menſchen aber wars
gegeben, dieſe Revolution herbeyzuführen. Dieſes
war

war der erste Commis beym Staatssekretariat des Herzog von Praslin, ein gewisser Herr Rodier.

Sein Nahme ist in den Annalen der französischen Marine eben so unvergeßlich worden, wie der Nahme eines Renaud, — jedoch von einer entgegengesezten Seite.

Rodier war, an und für sich selbst, kein wirkendes Genie. Er beschäftigte sich mit nichts als mit seiner Eigenliebe, und mit dem Hof, welchen ihm das Corps der Marine zahlreich machte. Er wurde aber maschinenmäßig von einem Vetter-besessen, der ein geschäftiger, feiner und an Anschlägen reicher Kopf war. Der Kapitän Marchis **) ist aus seiner Expedition gegen die Havanaflotte, 1759. bekannt.

Der

*) Bernard Renaud, den man nur den kleinen Renaud nannte, lebte unter der Regierung Kolberts. Von ihm hat man die Erfindung der ▪▪bardiergaliotten. Vermittelst dieser neuen Kriegsmaschinen, die bey der Bloquade von Algier zum erstenmal zum Verschein kamen, erwarb die Flotte Ludwigs XIV. jenes Erstaunen, welches diese Belagerung nach sich zog. — Renaud war, ohne iemahls zur See gedient zu haben, ein vortreflicher Seemann, und wurde von Kolbert öfters zu den Berathschlagungen des königlichen Staatsraths gezogen. Er trug viel zur Verbesserung des Schifbaues bey. Starb aber in der Dunkelheit.

**) S. Chronolog. IV. B. 96. und f. w.

Der Commis theilte die Impulſionen, welche er vom leztern erhielt, dem Miniſter mit. Sie legten den Grund zum erſten tödtlichen Stoß, den die Feder erhielt.

So wie man ungefehr gegenwärtig die Potenzen Bourbon und Brittanien um das Uebergewicht in Europa ſtreiten ſiehet: ſo kämpften der Degen und die Feder lange Zeit um das Zepter der Marine in Frankreich. Unter Kolbert und den Herren von Rouille und Machault zog die Waagſchaale auf die Seite der Feder. Unter den Herren von Moras, Maſſiat und Berryer fiel ſie auf die Seite des Degens herüber. Unter dem Duc de Choiſeul ſtund ſie inne. Unter dem Duc de Praslin fieng ſie an, ſich wieder für den Degen zu neigen; und unter ſeinem Nachfolger, dem Herrn von Boynes, entſchied ſie ſich völlig für den leztern.

Die Ermüdung, welche die Parthie des Militaire dem Duc de Choiſeul abgewonnen hatte, ſtärkte ihren Muth. Sie ſezte ihre Angriffe fort, und Schritt vor Schritt eroberte ſie mehr Terrain. Sie wurde endlich die obſiegende, und nöthigte den Duc de Praslin zu Neuerungen, die das Reglement Kolberts in ſeinen Grundſäulen verrückte.

Die

Die Demarchen des Herrn Rodier, welcher bie=
se Revolution, nach den heimlichen Eindrücken, so
er vom Kapitán Marchis empfieng, leitete, wurde
unendlich durch die Schwachheit des Corps der
Kanzley selbst unterstüzt. Niemahls hatte dieses
Corps untüchtigere Chefs an seiner Spitze. Der
bey demselben eingerissene Zerfall war so groß,
daß der Kapitán Marchis, sein Henker, selbst aus
seinem Mittel war. *)

Das Reglement, welches unter dem Minister
des Herrn von Boynes, den 18. Feb. 1772. er=
schien, sezt den fatalen Zeitpunkt fest, woran die
französische Marine eine gänzliche Revolution er=
hielt, das System Kolberts verschwand, und die
Feder dem Degen unterjocht wurde.

Dieses Reglement reformirt das Departement
der Feder völlig. Sein Nahme wird aufgehoben;
und anstatt Offiziers von der Feder, wird dieses
Departement fürohin die Verwaltung (L'AD=
MINISTRATION) genannt.

Zufolge

*) Kapitán Marchis commandirte anfänglich ein Schif
in der ostindischen Flotte. Nachgehends wurde er im
Hafen zu Brest angestellt.

Zufolge solchen Begrifs bleibt es ein untergeordnetes Departement der Flotte, und das Militär führt bey allen Gelegenheiten das Präsidium. Die Offiziers der Administration stehen unmittelbar unter den Offizieren vom Degen, und müssen ihnen von ihren Geschäften Rechenschaft leisten.

Hier ist der Innbegrif, worauf sich diese denkwürdige Verordnung gründet.

„Die Regie, und überhaupt das ganze Verwal„tungswesen der Häfen, Arsenale, Magazine 2c. 2c. „theilt sich von nun an in zwo Linien, die vonein„ander unterschieden und gänzlich getrennt blei„ben. Die erste, welche unter dem unmittelbaren „Befehl des Commendanten vom Hafen stehet, um„fasset alles, was die Anordnung und Ausfüh„rung der Geschäfte betrift: die zwote, welche „vom Vorsiz des Intendanten abhängt, beschäf„tigt sich mit dem blossen Rechnungswesen, das „ist mit der Oekonomie der Einnahmen und der „Ausgaben.

„Zufolge dieses Systems besorgt das erstere De„partement den Bau, die Ausbesserung, die Bewaf„nung und Entwafnung, die Rüstung, die Beman„nung, alle mechanische Operationen bey den Schif„fen,

„fen, in den Arsenalen und Magazinen, den Ha-
„fenbau; die Aufsicht über alle Schiffe, Fahrzeuge
„und Maschinen über alle Handwerksleute, über
„die Munition, übers Spital 2c. 2c. Die Disci-
„plin im Hafen, im Arsenal und bey den Kanz-
„leyen; die Wache.

„Das Departement der Verwaltung hinge-
„gen hat die Herbeyschaffung aller Bedürfnisse zum
„Dienst der Flotte, die Einnahme und Ausgabe,
„das ganze Rechnungswesen, die Kriegskasse, den
„Proviant, die Besoldung, die Werbung 2c. 2c. über
„sich. Dieses Departement ist in fünf Kanzleyen
„eingetheilt (die Rechnungskammer ausgenommen,
„welche ihre ganz eigene Jurisdiktion hat,): Die
„Magazinirungskanzley; die Arsenalkanzley;
„die Baukanzley; die Proviantkanzley; die
„Galeeren-und Spitalkanzley. *)

„Zum

*) Das ist: Nro. 1. beschäftigt sich mit Herbeyschaf-
fung und Verrechnung des Bauholzes, Thauwerks,
Segel und aller Gattungen von Materialien 2c. 2c.
Nro. 2. mit dem Lohn der Arbeitsleute und Tagwer-
ker: Nro. 3. mit dem Vorrath der Baumaterialien
und Giessereh; Nro. 4. mit der Proviantirung und
Ausrüstung der Schiffe; Nro. 5. mit der Liste der
Galeerensclaven, dem Spital und den Wundärzten.

„Zum Behuf des Ganzen wird ein Conseil errich-
„tet, das sich wöchentlich dreymal, unter dem Vor-
„siz des Commandanten versammelt, die Verfügun-
„gen anordnet, die Berichte empfängt, Belohnun-
„gen und Strafe austheilt. ꝛc. ꝛc.

Diß ist der Geist des neuen Marinecodex. Von
nun an muß man die französische Flotte, und alle
ihre Operationen in gegenwärtigem Krieg nach
seinem Einfluß betrachten.

Zu Ergänzung dieses Geschichtentwurfs ist nichts
mehr übrig, als eine Vergleichung, zwischen dem
Zustand der Marine unter Kolberts Verwaltung
und ihrem heutigen, zu fällen.

Kolbert hatte ein genaues Gleichgewicht unter den zwey Departements der Marine festgestellt.
Er wuste wohl, wie leicht es der Kriegsparthey
wäre, auf offener See, vermittelst der Vormacht,
die zugeordnete Parthie von der Feder zu unterdrücken. Deswegen schränkte er die Gränzen jener Parthie zu Hause aufs engste ein. Vermög
dieses Schems blieb der Minister vom Seewesen
beständiger Schiedsrichter. Er war der Mittelpunkt des ganzen. Alle Funktionen unterhielten
eine

eine genaue Resonnanz und einen Wetteifer, der sich im allgemeinen Besten vereinigte.

Durch die gegenwärtige Einrichtung wird dieses Gleichgewicht völlig aufgehoben. Die Parthey des Degens, der Geburt, Vorzüge, Kredit und Macht an sich selbst nur allzuviel Uebergewicht an Hand geben, wird souverain. Das Ansehn des Ministers wird durch das errichtete Conseil gänzlich vernichtet, und er wird gleichsam von der regierenden Parthey abhängig gemacht. Die Uebereinstimmung in den Funktionen beyder Departements hemmt sich, und die Präponderanz hat freye Gelegenheit, die Verfolgung, die Unterdrückung, die Schikane, den Selbstnuz, den Partheygeist und alle Fehler einzuführen, welche dem Dienst des Staats nachtheilig sind.

So ist auch wirklich das Bild beschaffen, worinn sich die französische Marine heut zu Tag verhält.

Der Minister ist von den Kriegsoffizieren umzirkt und ein Werkzeug, das sie nach ihrem Belieben wenden. Bey der Flotte herrscht Uneinigkeit, Eifersucht und Mangel der Disciplin. Die Parthey der Feder, über ihre Erniedrigung entmuthet, verliert allen Wetteifer und alle Ambition. Zwischen

die-

ſem unglücklichen Syſtem entſpringen Unterhänd-
ler, Lifranten, Agenten, die im Trüben fiſchen, jeden Vortheil an ſich reiſſen, und auf Koſten des
Staats ein Glück machen. Zu allen dieſen Uebeln kommt noch der traurige Streit zwiſchen dem
Militair und den Auxiliaroffizieren. *)

Es iſt gewis, daß die Krone Frankreich mit ihrer Marine nicht mehr lang aushalten kan, wann
der Krieg ſich nicht bald endigt.

Eine Anecdote, welche in ihrer Art merkwürdig iſt, dient zum Beſchluß dieſer Anmerkungen.

Der Staat beſizt einen gewiſſen tüchtigen Mann.
Es iſt Herr Genet, einer von den Sekretären beym
Büreau der ausländiſchen Geſchäfte. **) Dieſer
Herr hatte aus einem gewiſſen Geiſte der Spekulation, für ſeinen Nebenzeitvertreib eine Maſchine
erfunden. Solche Maſchine nannte er ſeinen
Sekretär. Herr Genet hatte ſie blos in der Stille, nach ſeinen Einfällen, ausgearbeitet, um ſeine
Müſſe zu unterhalten. In der That aber enthielt
ſie einen der kunſtvolleſten und wichtigſten Reſſorts
fürs Kabinet.

Es

*) S. Chronolog. IV. Band, Seite 91.

**) Secrétaire - Interprète du Roi au departement des
affaires étrangeres.

Es war ein geraumer Kasten, der aus unzähli-
gen Fächern bestund, die ihre Haupt- Unter- und
Seitenabtheilungen hatten, und alle gehörig rubri-
zirt waren. Im Fronton des Kastens war folgende
Etiquette——Etat général de la Marine angloise.

Vermöge der Verbindungen aller dieser Fächer
konnte man alltäglich den wirklichen Zustand des
englischen Seewesens übersehen. Hiezu diente eine
Tabelle, welche die Seele des Kastens war, und in
welcher sich alle Richtungen der Fächer vereinigten.

Zum Beyspiel. Von dem Fach: Stärke der
englischen Flotte liefen zwo Linien aus: zu Haus —
in der See. Von der ersten Linie entstunden wieder
Abstammungen — zu Portsmouth, zu Chatam,
zu Wolwich rc. rc. Aus jeder dieser Abstammungen
entsprangen Klassen — auf dem Werst, im
Bassin, ausgerüstet, entwafnet, brauchbar,
krank rc. rc. Die zwote Linie theilte sich in vier
Fächer — Asia, Europa, Amerika. Diese
hatten wieder ihre Abstammungen. So hieng
das Ganze zusamm.

Hieraus läßt sich das System des Kasten hinlänglich beurtheilen: nun wollen wir das Manöuvre des Herrn Genet sehen.

Herr

Herr Genet hielt sich alle mögliche englische Zeitungen, die er mit der genauesten Einsicht las. *)
So oft ein Schif seine Station veränderte, ein
neues gebauet wurde, ein altes zu Grund gieng ꝛc. ꝛc.
so warf er ein Billietchen in das gehörige Fach.
Nachdem der Grund einmal gelegt war: so war
das übrige nur ein Spiel für ihn. Und Herr Genet, war vermög dieses Werkzeugs alle Tage au
Fait in Ansehen der wahren Macht des Hofs von
London.

Auch die stolzesten unter den Spions, die das
Ministerium zu Versailles in England unterhielt,
konnte Herr Genet herausfodern und zu Schanden
machen. Im Herbst 1760 befahl der englische
Hof bekanntermassen eine Ausrüstung, die in Europa viel Aufsehn erregte. Man ward insbesondere zu Versailles darüber beunruhigt. Die Kund-
schafter des französischen Kabinets vermehrten
diesen Schrecken durch ihre häufigen Berichte von
der Stärke dieser Rüstung.

Es

*) Auf seine eigenen Kosten. Die Avantüre des Herrn
Genet ist ein Beweis, was ein verständiger, fleissiger
und in seinen Beruf verliebter Diener dem Staat öfters nüzen kan — aber wie selten das wahre und im
Stillen arbeitende Verdienst sein Glück macht.

Es versammelte sich ein ausserordentlicher Staatsrath zu Versailles in Gegenwart des Königs. Der Marschall von Belleisle, dessen Einfluß ein Vorgewicht hatte, stellte die Sache sehr wichtig vor, und drang darauf, die Armee in Bewegung zu sezen. Als der Herzog von Choiseul aus der Versammlung nach Hause kam: so berief er seine Sekretären, um ihnen dem gemässe Aufträge zu geben.

Herr Genet lächelte, und behauptete frey, daß weder der Marschall noch der Herzog von Choiseul gut unterrichtet wären. — Wie? „fuhr der Minister auf" Sie wagen, den Nachrichten zu widersprechen, die ich von meinen Vertrauten aus London habe? Und worauf gründen Sie ihre Zweifel? — Auf einen Saz „erwiderte Herr Genet ehrerbietig" dem niemand widerspricht. Es ist der, daß man keine Macht ausrüsten kan, die man nicht hat.

Hierüber legte er dem Herzog seine Tabelle vor, und erklärte ihm die Verhältnisse derselben. — Geruhen sie zu bekennen, gnädigster Herr „sezte er hinzu" daß der König in England die Macht, welche

P 4

man

man vorgiebt, nicht auftreiben kan, die Vorsicht
verleihe ihm dann die Gabe eines Cadmus vom
Himmel herab.

Der Herzog von Choiseul ward bestürzt. Von
Bewunderung gerührt, umarmte er Herrn Genet. Die Rüstungen in Frankreich wurden völlig eingestellt.

Der Ausschlag bestättigte die Weissagung des
Herrn Genet. — Dieser aber blieb nichtsdestowe-
niger vernachlässigt, verkennt und ohne Lohn und
Dank.

MA FOI IL FAUDRA LIER JUGE ET PLAIDEUR. *)

Die Biographie Marie - Therese'ns **) hat
einen lebhaften Streit unter den Gelehrten
erregt. Der Verfasser ist von einem Kunstrichter
angefallen worden. Er hat geantwortet. Man hat
Schriften gewechselt: man hat sich der Gewohnheit nach geschimpft. Hört man den einen Theil:
so hat der Autor Betisen gemacht; hört man den
andern: so sind die Einwürfe des Kunstrichters
nichts als Plattituden.

In allen Streitigkeiten ist, wie man weis, die
Sottise der Grund.

Heureux! ô trop heureux: qui loin des fana-
tiques
Des causeurs importuns, et des jaloux critiques,

P 5   En

*) Meiner Treu! Man muß beyde binden, Richter und
Kläger.
                           Malherbe.
**) Rautenstrauch's Biographie Marien = Theresiens,
gr. 8. Wien, 1780. auf Druckpapier.

En paix fur l'hélicon pourrait cueillir des fleurs!
Tels on voit dans les champs des fages la-
boureurs,
D'une ruche irritée evitans les bleſſures
En dérober le miel à l'abri des piquûres. *)

Dieſem gemäs gedenke ich mich im minbeſten
nicht in die Debatten dieſer Herren zu miſchen; ſondern blos für meine eigene Erbauung habe ich einige Fragen über die Biographie Marien - Thereſie'ns
entworfen.

Warum muß das Schickſal großer Menſchen
in die Hände kleiner Schriftſteller zu fallen? Seitdem Plutarch die Biographien der Männer, welche
Rom und Griechenland verewigen, geſchrieben
hat: ſo iſt kein Klopffechter, kein Rathsherr einer
kleinen Stadt, kein Kanzelkollege, der nicht ſein
Leben beſchreiben läßt.

Aber

*) Glücklich — dreymal glücklich iſt Jener,
Welcher, entfernt von Schwärmern, von Neidern
und Zänkern,
In der Stille auf dem Helikon ſammlen kan.
So ſiehet man weiſe Arbeiter auf der Flur
Den Stichen eines empörten Bienenſchwarms
Ausweichen, und den Honig fleiſſig beben.

Aber merkt's euch, meine Herren: es ist ein Unterschied zwischen der Biographie des Arlechin bergamasco und zwischen der Biographie Marie-Theresie'ns.

Ich muß gestehen, ich habe weder das Werk des Biographen, noch die Kritik seines Gegners gelesen. Der Himmel hat mich vor beyden behütet. Ich bin also zu nichts weniger berufen, als mich in ein Urtheil über den Werth derselben einzulassen.

Inzwischen habe ich zufälligerweis eine Skartcke zu Gesicht bekommen, die in diesem Prozeß erschienen ist. — Es ist die sogenannte Vertheidigung über die Beylage 2c. Diese hat mir einige Umstände von der Beschaffenheit des biographischen Werks erläutert. Hierinn bestehet Alles, was ich weis.

Meine Frage an jeden Biographen, der das Leben eines berühmten Prinzen zu entwerfen unternehmen wollte, würde diese seyn. — Die Biographie einer Marie-Therese, eines Marc-Aurel, eines Titus schreiben, heißt die Sache des ganzen menschlichen Geschlechts führen: sind Sie der Mann dazu?

Wann

Wann Ihr Werk von dem Leben Marien-Therefie'ns „so würde ich fortfahren" nichts enthält, als das Verzeichniß der Begebenheiten unter der glorreichen Regierung dieser Prinzeßin: so haben sie nichts als einen Almanach geschrieben. Der Lehrsaz der Biographie ist, uns den Menschen kennen zu lernen, und nicht sein Jahrhundert.

Unter welchen politischen Einflüssen wurde dieser Monarch gebohren? Welches sind die geheimen Triebfedern der berühmten Auftritte, die seine Regierung auszeichnen? Wie ist sein politischer und sein häuslicher Karakter? Was sind seine Tugenden und seine Fehler? Was für Anecdoten seines Lebens intereßiren uns?

Diß ists, so man vom Biographen fodert: alles übrige gehört für den Chroniker.

Zum Beyspiel haben sie von der Erziehung Marien-Therefie'ns, von ihrem Ehestand, von ihrer Kinderzucht; von der Güte ihres Temperaments besondere Züge angeführt? Haben sie tausend Anecdoten, die man von ihrem Privatleben, von ihrer Denkensart hat, berührt?

Haben

Haben sie unter andern folgende erzählt? Ein Fremder, der sich zu Wien aufhielt, war in einer der dringendsten Angelegenheiten begriffen. Einst berief die Kaiserin einen Kapuziner, der in einem vorzüglichen Ruf der Frömmigkeit und der Tugend stehet, in ihr Kabinet, um sich, wie sie öfters pflegt, mit ihm zu erbauen. Die Unterredung leitete den ehrlichen Vater auf das Unglück, worinn mancher rechtschaffene Mann wäre, ein Opfer der Unterdrükung, der Kabale und der Bosheit zu seyn: und hiebey nannte er den Namen jenes Fremden zufälligerweis. Voll Erschütterung warf sich die tugendvolle Fürstin auf die Knie: helfen sie mir der Vorsicht Dank bringen „sagte sie zum Vater" daß ich auf den Gedanken kam, heute mit ihnen zu sprechen. Ich war im Begrif eine Handlung zu begehen, die mich sehr viel Reue kosten würde. Sie erretten mich davon. Der Mann sollte heut, nach den Vorstellungen, die man mir von ihm gemacht hat, aus Wien verwiesen werden. Diesem Akt folgte ein augenblicklicher Befehl, die Sache des Mannes unpartheiisch zu untersuchen. An demselben Tag noch wurde er gerettet, consolirt und von der Kaiserin beschenkt.

Solche

Solche Traits ſinds, die man ſammlen muß.
Die Frage iſt nicht von der Art der Begebenheiten, ſo ſich unter der Regierung eines ruhmwürdigen Monarchen zugetragen: ſondern von dem Antheil, den er daran hat.

Begebenheiten erzählen, Data beſtimmen, in Umſtänden genau ſeyn, iſt blos für kleine Geiſter. Der Einfluß, den der individuelle Karakter eines Monarchen in ſeine Regierung, in die Sitten, in die Geſeze, in den Genie ſeines Jahrhunderts, ins Wohl des menſchlichen Geſchlechts hatte, erklären: hierinn beſtehet das Talent eines guten Kopfs.

Ich weis nicht, ob diß nicht das Meiſterſtück des Herrn Rautenſtrauch ſelbſt iſt. Vielleicht ſind meine Betrachtungen überflüſſig. Aber ich bin überzeugt, daß das Leben Marie-Thereſie'ns ein ſo großer Stof, ſo reichhaltig an Reflexionen, an Sentiments, an Zeichnung iſt, daß er einen Plutarch ermüden würde.

Nichts iſt für die Denkmäler der Großen verhaßter, als der Streit zwiſchen den kleinen Köpfen,

wozu

wozu sie Anlaß geben. Müßte ich das Verdienst der
Biographie Marie-Therefie'ns nach der Streit-
schrift abmeffen, die der Verfaffer nachgefendet hat;
so würde ich fehr verächtlich davon denken.

Was haben Invectiven und Satiren für eine
Verbindung mit der Biographie Marie-Theré-
fie'ns? Es ift ein Verbrechen der Ehrfurcht, welches man nicht ohne Abfcheu anblicken kan, daß
fich der Verfaffer erkühnt, den verehrungswürdig-
ften Namen Marie-Therefie'ns zum Stof feiner
Libelle zu machen.

Nicht genug. In eben diefer Skartefe findet
man Züge, welche mittelbare Beleidigungen an
Perfonen, die im Streite unbefangen find, zu enthalten fcheinen. Diß vollendet die Verachtung,
die einem der Karakter des Autors einflößt.

Von der Art ift, zum Exempel, eine Stelle, wo
von einem Negozianten, ohne Zweifel einem ehrlichen Mann, die Rede ift, welcher geheime Zeitungen

gen ließt. Verstehe ich ben Herrn Rautenstrauch
recht: so zielt er bamit auf das Neuigkeitenblatt,
so zu Wien, nach dem Muster der *nouvelles à la
main* zu Paris, der *daily Post* zu London, und anderer europäischen Hauptstädte, in Handschrift
herumgehet.

Was will man damit sagen? Heil dem Manne,
der sich sonst keinen Vorwurf schuldig ist, als daß
er geschriebene Zeitungen gelesen hat! Keine ehrliche Seele scandalisirt sich an diesem Fehler, es
wäre dann irgend ein Polizeyhäscher. Zu Paris,
zu Rom coursiren dergleichen Privatzeitungen unter einer Art von Privilegium. In der That,
wann dieser Vorwurf jemals übel angebracht ist:
so ists bey einem Negotianten. Es scheint, die
Seele der Spekulation bestehe im Raffiniren
über die Zeitungen.

Man muß andere Städte nicht kennen, wann
man aus diesem Gewerb einem vernünftigen Mann
einen Vorwurf machen will. Die Kaufleute zu Am-
sterdam, zu Hamburg, zu Berlin ꝛc. ꝛc. deren Politik sich nach einer wohleingerichteten Korrespondenz
richtet, würden denjenigen sehr lächerlich finden,

der

ber aus der geheimen Zeitung ein Staatsverbrechen machen wollte.

Diese Zeitungsblätter enthalten zuweilen nüzliche Materien: öfters liefern sie auch geringe Artikel.

Zum Beyspiel im Wienerbulletin, das ich mit der heutigen Post erhielt, findet sich folgende Stelle.

„Täglich wird man der Miseren des Herrn
„Rautenstrauch mehr satt. Der Streit zwischen
„ihm und seinen Gegnern geht eigentlich um
„nichts als um das Couvert bey der freyen Ta-
„fel des Herrn von Kurzböck, Buchdruckers.
„Nachdem er das Publikum durch eine elende
„Biographie Marien Theresie'ns ennuyrt hat:
„so beleidigt er es nunmehr durch das Laster der
„Undankbarkeit gegen seinen Wohlthäter und
„Erhalter. Man will unter der Hand wissen,
„daß ihm eine Versorgung, als Lazarethwärter
„im neuen Spinnhaus aufbehalten sey.

Wann dieses eintrift: so wird er von seinem Gegner beneidet werden. Man weis nicht, welcher

5ter Band,   Q   mehr

mehr Mitleiden erweckt, der Biograph oder der Kunstrichter. Welch ein elendes Geschäft, aus der Pritschmeisterey eine Boutike zu machen!

Georg Wilhelm Dachsberg.
Licentiat.

Frankfurt den 8 Jul.
1 7 8 0.

Ich protestire wegen der Folgen dieses Beytrags. Mit der Sache will ich nichts zu thun haben. Man kennt meine Religion: ich glaube weder an Paul noch an Kephas.

Wekhrlin.

Streitigkeiten zwischen Rom und Napel.

Um die Streitigkeiten, die sich wegen der Ansprüche des napolitanischen Hofs auf einen Theil
der pontinischen Sümpfe, Terracina ꝛc. ꝛc. zwischen
dem Pabst und dem König beyder Sicilien erheben,
zu beurtheilen, muß man einen Blick in die Werke
des Giannone werfen.

Es ist gewis: so spricht dieser unsterbliche Mar-
tirer der Wahrheit, daß alle diese Titel Erfindungen sind. *)

Heut zu Tag begeht man keine Sünde in den heiligen Geist mehr, wann man an der Rechtmäßigkeit
aller Ländererwerbungen zweifelt, die der römische
Hof besizt. Dieser Zweifel beruhet auf zween Gründen: erstlich auf der Unregelmäßigkeit dieser Erwerbe

Q 2 an

*) E costante opinione presso i più gravi scrittori
che tutti questi istromenti et diplomi furono sup-
posti ne' tempi d'Ildebrando. — Lib. IX. cap. 3.

an sich selbst: zweitens auf dem Geist des Evangels, welcher alle weltliche Herrschaft und Reichthümer der Kirche verbiethet.

Lasset uns diese Betrachtung auf den vorliegenden Fall anwenden.

Die Normänner hatten das Königreich Napel schon längst in Besitz. Ihr Thron war auf das heiligste aller Rechte der Welt gegründet, auf das Recht des Schwerds. Leo dem IX fällt es, ungefähr in der Mitte des eilften Jahrhunderts, ein, sie zu excommuniciren. Robert Guiscard und Richard, die Regenten von Apulien und Calabrien, sind nicht so blöd, wie jene kleinen italiänischen und fränkischen Fürsten, sich vor dem Bannstral zu verkriechen. Sie ziehen den Degen und schlagen die deutsche Armee, an deren Spize der Pabst im Küraß und mit der Lanze in der Hand, herzeucht, in die Flucht.

Dieses bestättigt zum zweitenmal ihren Besitz.

Ein gewisser Kaiser, dessen Mutter träumte, daß sie einen Drachen zur Welt bringen würde, schlägt sich auf die Seite des Pabsts. Um dieser Seeraden von beyden Seiten los zu werden, entschließt sich Robert,

bert, sein Reich dem heiligen Peter, unter dem Titel eines Gelübds, zu unterwerfen.

Er begeht die Thorheit, sich — Robert, von
Gottes und des heiligen Peters Gnaden, Herzog zu Calabrien ꝛc. ꝛc. zu schreiben.

Von nun an sprechen die Bischöfe zu Rom die
Lehensoberherrlichkeit über Napel an. Ein Anspruch,
der doppelt nichtig ist, weil der heilige Peter niemals
eine Souverainetät besaß, und folglich keine Vasal-
len bestellen konnte; und weil die Thronfolge von ihm
auf die Päbste nicht bewiesen ist.

Sogar die leztern besaßen damals noch keinen
Schatten von Souverainetät. Das Gelübd trug
sich unter Nikolas dem zweiten zu: folglich ums Jahr
1062; folglich zu einer Zeit, wo Rom noch nicht unter dem Zepter der Päbste war; wo es noch von seinem eigenen Senat regiert wurde; wo die Päbste nur
im Hauszinns zu Rom saßen.

Der allgemeine Fehler aller Scribenten, welche
die Ansprüche des päbstlichen Stuhls verfechten, ist
der, daß sie Schlußfolgen aus einem unerwiesenen
Saz leiten. Sie schliessen nach den Urkunden, die

Q 3   im

im römischen Archiv vorhanden sind. Aber sie gleichen hierinn den Romanschreibern, welche anführen,
daß der König Frankus die Sturmhaube Hektors
nach Frankreich gebracht habe. Daß die Sturmhaube vorhanden ist, ist keine Frage: aber ob sie Hektor
getragen hat, daran zweifelt mit Billigkeit die ganze
denkende Welt.

So ists ungefähr mit der Lehensurkunde beschaffen, vermög welcher Herzog Robert das Königreich
Napel dem heiligen Stul einverleibt haben solle.

Baronius, ein sehr partheiischer Autor, will sie
gesehen haben.

Wir überlassen die weitern Reflexionen über diesen Gegenstand einer genauern Geschichtsforschung:
und wenden uns zum zweiten.

Der Endzweck der Religion ist nichts anders als,
die Ordnung der Gesellschaft zu erhalten, und die
Menschen zur Verehrung der Gottheit, durch die Tugend, zu leiten. Was demnach mit diesem Endzweck
nicht

nicht übereinstimmt, oder zu demselben nicht gehört, das ist ein Mißbrauch.

Unterricht, Ermahnung, Gebeth, Warnung, Rath; diß sind die Mittel, die der Geistlichkeit zukommen. Alles was drüber ist, widerspricht der menschlichen Freyheit, und dem Rechte der Thronen.

Es ist also evident, daß so oft sich der geistliche Stand einiger Eingriffe anmaßt, die die weltliche Republik der Gesellschaft veräudern oder beunruhigen können: so verdienen diese Eingriffe eine Bestrafung.

Hier ist das Prinzip, von welchem man ausgehen mus, um seine Begrife von dieser Sache zu berichtigen.

Hätte Gott seiner Kirche weltliche Güter bestimmt: so hätte er sich, ohne Zweifel, in einer ausdrücklichen Offenbarung hierüber erklärt: er, der in so viel unendlich minder wichtigen Dingen Vorsehung gethan, und

seinen

seinen Willen aufs deutlichste davon ausgedrückt hat.
Diß ist ein bekannter Saz.

Nicht genug. Wann er seiner Gemeinschaft jemals einen andern als geistlichen Besiz vorbehalten hätte: so würde dieser nicht dem heiligen Peter, nicht dem Pabst, nicht dem Erzbischof zu Cölln, nicht dem Abbt zu Sankt Gallen insbesondere zugehören; sondern allen zwölf Aposteln; den siebenzig Jüngern, der ganzen Hierarchie der Heiligen und der Marter, allen Bischöffen, Superintendenten, Pfarrern, Vikaren, Magistern, Meßnern ꝛc. ꝛc. welche das Corpus der christlichen Kirche ausmachen, zusamm.

Nichts ist hingegen gewisser, als daß er über diesen Punkt gänzlich geschwiegen hat; daß er vielmehr tausend Ausdrücke gebraucht hat, die dem Interesse der Parthenen widersprechen. — Mein Reich ist nicht von dieser Welt: Selig sind die Armen: Sammlet euch Schäze im Himmel: Ihr könnt nicht Gott dienen und dem Mammon: Nach all solchem trachten die Heiden: Weltliche Könige herr=

herrschen: ihr aber nicht also, sondern der gröste
unter euch sey wie ein Diener: Ihr sollt nicht
Gold, noch Silber noch Wechselbriefe in euren
Gürteln tragen. 2c. 2c.

Umsonst beruft man sich darauf, daß den Leviten
ehemals Städte zugetheilt waren.   Das levitische
Gesez ist nicht mehr unser Gesez.   Sie erhielten die
geringen Einkünfte einiger Dörfer zum Sold als die
Soldaten der hebräischen Theokratie, und nicht als
Priester. Der Mangel der Staatsverfassung wars,
daß man sie bevollmächtigte, ihre Lebnung selbst zu
heben, weil keine Kriegskasse eingerichtet war.

Halten wir uns beständig an die Quelle, das
Beste der Gesellschaft. Diß ist der Ursaz aller geistlichen und weltlichen Rechte. Die Geistlichkeit muß
erhalten, ernährt, versorgt und nicht nur nothwendig — sondern sogar reichlich — besoldet seyn, weil
sie ein unentbehrlicher und — wenn sie dem Symbol ihres Stifters gemäs handelt — der nüzlichste
Stand im Staat ist; indem ihre Beschäftigung die

Q 5   ehrwür-

ehrwürdigste und wichtigste in der Welt ist, da sie
das höchste unter allen menschlichen Gütern, unsere
Seeligkeit, besorgt, und da sich der Nuzen ihrer Arbeit nicht nur auf das Gegenwärtige, sondern jen-
seits den Gränzen des Lebens noch hinauserstreckt;
Aber es ist ganz wider die Rechte der göttlichen und
menschlichen Geseze, und wider den Sinn des Evangels, daß sie sich diese Versorgung selbst verschaft.

Den Regenten des Staats kommt es zu, sie zu
besolden, sie leben zu machen: Uns hingegen kommt
es zu, uns wider alle Eingriffe in das Eigenthum der
Gesellschaft, wider alle Usurpationen, die sie auf
zeitliche Güter wagt, mit Nachdruck zu sezen.

Ueber

Ueber die Ußler - und Ilgner'sche Schauspielergesellschaft.

Ein Theaterbeytrag.

Die Kinder des Kummers durchziehen,
Um frölich zu machen, die Welt.
O, welch ein verdienstlich Bemühen,
Geschähe nicht solches für Geld!

An Herrn Syndikus N. zu **,*

Nördlingen, im Rieß den 12 Jun.
1 7 8 o.

Sobald es Einer hochlöblichen Stadt Kammer gefällig war, daß ich auf Vaterlands Kosten in die Welt reisen sollte, um Einsichten zu sammlen: so schafte ich mir die neuesten Theaterzeitungen bey, um mich zu erkundigen, wo ich meine Studien anheben müßte. Ich fand, daß gegenwärtigen Jahrmarkt zu Nördlingen über mit hochobrigkeitlicher Erlaubniß eine wandernde Schauspielergesellschaft spielen würde. Sogleich sezte ich den Richtpunkt meiner Reise bey Nördlingen fest.

Ich

Ich weis nicht, ob Seiner Herrlichkeit, dem Herrn Bürgermeister, bekannt ist, was die Stadt Nördlingen ist? In Büschings Erdbeschreibung wird sie unter den schwäbischen Reichsstädten angeführt. Allein Ewr. Wohlgebohrn werden die Begriffe Deroselben hierüber leichter aufzuklären vermögen, wann sie Seine Herrlichkeit an die Nördlinger-Schlacht erinnern. Cellarius spricht davon.

In der That ist Nördlingen ein aus Häusern und Menschen bestehender Ort an der Eger. Sollten mich Ewr. Wohlgebohrn fragen, wie man hier lebt?

„So bürgerlich. Eben leidlich dumm."

müste ich mit dem Wurzkrämer antworten.

Diese Betrachtungen lege ich inzwischen bey Seit, um auf die Hauptsache sogleich zu kommen.

Die Gesellschaft, welche hier spielt, nennt sich Ußler und Jlgner. Es ist eine von jenen Kolonien aus der Familie Apoll's, welche Deutschland Ehre machen. Sie ist sehr stark; dann sie bestehet, den Ballet mit eingeschlossen, aus vier und zwanzig Genies. Die Stücke so sie giebt, sind ihr nicht, wie bey uns, vom gemeinen Rath vorgeschrieben. Das
Ver-

Verzeichniß derselben dient also zugleich zum Barometer, wie der Geschmack des Publikum zu Nördlingen stehet.

Euer Wohlgebohrn werden es merkwürdig finden. Hier ist die Liste derjenigen Stücke, welche diese Messe hindurch theils neu aufgeführt, theils wiederholt wurden,

Clavigo; oder: wie der innerliche Schmerz tödten kan. Ein grosses Trauerspiel.

Minna von Barnhelm; oder das Soldatenglück. Ein Original Lustspiel.

Die englische Pamela; oder Adel und Tugend in der Dürftigkeit. Ein Lustspiel in Prosa.

Arno; oder die grosse Rechtschaffenheit zwischen Vater und Sohn. Ein grosses Drama.

Die abgedankten Offiziers; oder Standhaftigkeit und Verzweiflung. Ein Lustspiel in ungebundener Rede.

Der liebreiche Ehemann; oder die Frau nach der Welt. Ein Schauspiel.

Das

Das Gespenst auf dem Lande; oder die Soldaten auf Urlaub.   Eine komische Oper.

Ernst; oder der ehrliche Strassenräuber.   Ein
starkes Schauspiel.

Der Geburtstag; oder der Graf von Olsbach.
Ein grosses Drama.

Der adeliche Deserteur; oder die Familienliebe.
Ein Originalschauspiel.

Das Caffeehaus; oder die schöne Schottländerin.
ein Lustspiel in ungebundener Rede.

Die Wirthschafterin; oder der Tambour bezahlt
Alles.   Ein Lustspiel in Prosa.

Die Dorfkirchweihe; oder der Schulmeister von
Frölichsthal.   Ein Singspiel.

Der Cavalier und die Dame;   oder die zwey
gleich edlen Seelen. Ein Lustspiel in Prosa.

Trau; Schau; Wem; oder der Pipsische Gast-
hof.   Ein Originaldrama.

Sophie; oder der gerechte Fürst.   Ein Haupt-
drama.

Johann

Johann Fauſt; oder die groſſe Verführung der Geiſter. Ein Schauſpiel in ungebundener Rede.

Katalog des Ballets.

Nro. 1. Ein comiſch und wohlgeſeztes Ballet.

— 2. Ein durch und durch comiſches Ballet.

— 3. Ein abſolut luſtiges Ballet.

— 4. Ein recht artiges und lächerliches Ballet.

— 5. Die luſtige Marquetendnerin.

— 6. Ein überaus luſtiges und zum Lachen einge-richtetes Ballet.

— 7. Ein pantomimiſches Ballet.

— 8. Der ruhſtöhrende Dudelſack.

— 9. Die häuslichen Bataillen; oder der lächer-liche Weiberkrieg.

— 10. Die in Frauenzimmer verwandelten Zittern.

— 11. Ein groſſes, voller komiſchen Charaktere verſehenes Ballet, betitelt: die verlieb-te Narrengaſſe.

— 12. Die luſtigen Holzſchneider.

Nach-

Nachspiele.

Der dankbare Sohn.

Die Werbung für England.

Die Personen, worinn das Corps der Gesellschaft bestehet, sind: Herr Ußler, Vater; Herr Ußler, Sohn; Herr Ilgner; die Herren Richter, Dihm, Dißler, Strohm, Wittmann, Hasenest; Madam Ilgner; Madam Ußler; Mesdames Dihm, Gröninger, und Wieland.

Der Schauplaz ist auf dem hiesigen Schuhhaus.

Hier haben Ewr. Wohlgebohrn mit Einem Blick den Plan der lyrischen Republik zu Nördlingen.

Nunmehr erwarten Sie billig meine Bemerkungen von den Verdiensten derselben. Was kan man in unserm aufgeklärten und theatralischen Jahrhundert anders als Edles von einer Gesellschaft erwarten, die in einer deutschen Reichsstadt spielt? Der Geist der Freiheit dringt sich bis in die Künste der Musen. Die Schauspieler spielen mit mehr Enthusiasmus, mit mehr Erhebung der Seele, je mehr die Luft der Freiheit ihre Brust erweitert.

So

. Sa müßte ich mich, zum Beyspiel, erschöpfen, wann ich Ewr. Wohlgebohrn den Beyfall beschreiben sollte, den die Ußler'sche Gesellschaft zu Nördlingen erhalten hat. Erlauben Sie mir nur einige Züge. Herr Ußler, der jüngere, dessen Rolle Helden, Tirannen und Sultane sind, spielte mit einer Würde, die das Parterre in tiefes Schaudern sezte. Die Königinn sind das Fach seiner Frauen: Sie spielt mit einer Onction, welche die Seelen der Dames zu Nördlingen schmelzte.

Wir zerflossen in Empfindung, wie Herr Richter die Rolle des Beaumarchais vortrug. Und als Herr Hasenest den Schrepf in den abgedankten Offiziers machte: so rief das Parterre mit Einer Stimme: er ist des Vaterlands Garrik!

Die Illusion der Madam Richter, als Herr von Pfannenberg, als Graf Zerbki, oder als Donna Virginia ist unausdruckfam. Wann Madam Ußler, die jüngere, in der Lindane in einem islabonfarben Jaquet en Fanfon aufgesezt, auftrat: so vergas man völlig die Lindane des

Herrn von Voltaire: man dachte nur an die Lindane des Herrn Ußler und Compagnie.

Wahrheit, Treflichkeit und Delikateße sind die
unterscheidende Züge in dem Spiel des Herrn
Strohm. So oft Christinchen erschien: so glaubte man die in Mamsel Gröninger verwandelte
Melpomene zu sehen.

Im Doktor Faust schien es, daß sich die Gesellschaft verschwohren hatte, das Publikum zu bezau-
bern, und den Beyfall der Stadt Nördlingen zu
erschöpfen. Herr Ußler, als großer Weltweiser;
Sein Vater, als Theodor; Madame Jlgner als
seine Geliebte: Herr Dißler, als gekrönter Poet;
Herr Hasenest, als Bettler; Herr Strohm, als An-
wald, machten einen vortreflichen Kontrast, der
sich aufs ungezwungenste, durch einen Epilog von
der Madam Jlgner an den Magistrat und die
Schuzgötter zu Nördlingen, auflöste.

Das Theater ist zwar nicht sonderlich elegant:
Es bestehet in einem Saal à l'Antique; der in den
hat

barbarifchen Zeiten der Republik ein Getraidebo-
den, oder ein Magazin für die Hünerhändler gewesen seyn mag. Gleichwol hat dieses Behältniß
seine theatralische Eintheilung. Vorne am Orche-
ster ist ein Noble-Parterre in der Form eines Pa-
rallelogram von 24 Quadratfuß. Dieser Plaz
ist mit einer Reihe Fauteils besezt, in deren Mitte ein erhabener Stuhl sich auszeichnet, woran ein
Reichsadler, als das Wappen der Republik, stehet. Dieser Stuhl gleicht dem Thron des Tamer-
lan. Niemand darf sich darauf sezen, als sein
Herr. Und er mag besezt seyn, oder leer stehen,
so müssen sich die übrigen Fauteils, wie die Tra-
banten des Jupiters, vor ihm beugen.

Diß ist eine Bemerkung, die ich blos mache, um
zu verstehen zu geben, daß das Publikum zu Nördlingen unter andern eine Klasse der Noblesse enthält. In der That ist der übrige Theil des Thea-
ters dem Pöbel gewidmet.

Diese Noblesse nun macht den einen Theil der
Zuschauere: der andere bestehet in jener kleinen

Klasse,

Klaffe, welche man den feinern Theil der Bürgere
nennt. Dieſer Theil beſucht das Theater weniger
für ſein eigen Vergnügen, als, um der Republik
Ehre zu machen, und ſich für ſeine Mitbürgere aufzuopfern. Dann was das groſſe Publikum betrift: ſo bleibt es dem gemeinen Motto aller Reichs-
ſtädte auch im Punkt ſeiner Vergnügungen getreu:
Wann es meinen gnädigen Herrn gefällt: ſo
iſts auch mir recht. Dieſem Grundſaz zufolg
geht der Nördlinger am Schauſpielhaus vorbey
in die Bierſchenke, und überläßt denen, ſo hinein
gehen, die Vollmacht, für ihn Bravo zu rufen.

Dieſe Umſtände ſcheinen für die Kaſſe der Schau-
ſpieler eben nicht günſtig zu ſeyn. Deſto lobens-
werther iſt ihr Eifer für ihre Kunſt, der dieſe armen Kinder Melpomene's nicht hindert, mitten unter dem Druck ihrer Dürftigkeit die Anfälle des
Mangels und des Elendes zu verachten, um ihre
Nebenmenſchen aufzumuntern.

Ihr, die ihr im Buſen des Ueberfluſſes und der
Wollüſte, bey unverdienten gewiſſen Beſoldungen,
mit

mit Stolz auf einen Ußler herabschauet — Schau-
spielere bey der Bühne zu Paris, zu Wien, zu Hamburg! die ihr in den vergoldeten Armen eines Duc,
eines Wechslers, eines Hofraths, einen verächtlichen Blick auf die Armuth einer Ilgnerin werft!
Wüßtet ihr, daß ihr öfters die Helfte der Kunst
dieser Leute nicht besitzet; daß euch ein Viertheil
von den Verdiensten dieser Unglücklichen den
Ruhm geben würde, den ihr nicht habt.

Ja; wäre das Glück von den Göttern nach den
Verdiensten der Sterblichen ausgetheilt: so würdet ihr alle eure Poupons, eure Fichus, eure Puf-
fen, eure Schminkwasser, eure Bijoux nehmen, und
sie für die cottunene Schürze einer Ußlerin hingeben!

Vergeben Sie, wohlgebohrner Herr, daß ich in
Deklamationen ausschweife. Es läuft wider die
Pflicht meiner Bescheidenheit. Hochdieselben, hoffe ich, werden Einem hocheblen Rath von meinen Beobachtungen Bericht abzustatten, und dem
beyzufügen geruhen, wie gut ich das auf mich ver-
wendende Stipendium anzuwenden gedenke.

R 3   Der

Der ich im übrigen mit der tiefsten Ehrfurcht beharre.

Stephan Rothauge, Quintanus.

Der zweyte Brief des Herrn Quintaners Rothauge über das Theater folgt, wegen Mangel des Raums, im sechsten Band der Chronologen.

Anmerkung.

Welchen Einfluß haben die Wissen=
schaften auf die Regierung?

Eine Preißfrage
von der königlichen Akademie der Wissenschaften
zu Berlin.

Rois. . . . .
    La raison vous defend. C'eſt l'erreur qui vous
                perd.

Die Klaſſe der ſchönen Wiſſenſchaften in der kö=
niglichen Akademie zu Berlin hat, dem Ver=
nehmen nach, fürs vergangene Jahr die Frage auf=
gegeben:

Welchen Einfluß hat die Regierung auf die
Wiſſenſchaften bey den Nationen gehabt, wo
ſie geblühet haben? — Und welchen Einfluß
haben die Wiſſenſchaften auf die Regierung
gehabt?

5ter Band.   S   Und

Und diese Frage hat die Akademie bey ihrer letzten Sitzung zum Vorzug des Herrn Generalsuperintendenten Herder zu Weimar entschieden.

Alle Denkschriften, welche man in Betref dieser Materie noch zum Vorschein bringen wollte, würden also zu spat kommen.

C'est de la moutarde après diner.

Und es würde sogar verwegen seyn, mit gestandenen Männern in Concurs tretten zu wollen.

Die Chronologen indessen haben, wie man weis, ihre eigene Manier, einen Stof zu betrachten; und der gegenwärtige ist, in aller Ansicht, so beschaffen, um sie zu interessiren. Er gehört mit Recht in ihr Feld, je genauer die Frage: ob wir glücklich sind? mit der Geschichte der heutigen Zeit verknüpft ist.

Es sey also erlaubt, die Leser der Chronologen bey diesem Anlasse zu unterhalten.

* * *

In allen Fragen, worüber man zweifelt, muß man sich zwischen die zwey äussersten Ende setzen.

Zum

Zum Beyspiel, um zu wissen: ob die Wissenschaften die menschliche Gesellschaft verbessert haben, oder
nicht? muß man sich ins Paradies sezen, und den
ersten Menschen im blossen Stand der Natur betrachten.

Mon cher ADAM, mon gourmand, mon bon
père

Que faisais-tu dans les jardins d'Eden?
Travaillais-tu pour ce sot genre-humain?
Carressais-tu Madame Eve, ma mere?
Avouez-moi que vous aviez tous deux
Les ongles longs, un peu noirs et crasseux,
La chevelure asséz mal ordonnée,
Le teint bruni, la peau rude et tannée.
Sans propreté l'amour le plus heureux
N'est plus amour, c'est un besoin honteux.
Bientôt lassés de leur belle avanture,
Dessous une chêne ils soupent galamment
Avec de l'eau, du millet et du gland.
Le repas fait ils dorment sur la dure.
Voilà l'état de la pure nature.

ADAM, mein Lieber, mein Leckermaul, mein Papa,
Was machtest du im Garten zu Eden?
Arbeitest du für dieses närrische Menschengeschlecht?
Oder losest du Madam Eva, mein Mammachen?

S 2   Gestee

Je ~~Bendische Zeit~~, ~~die nicht werte ist~~, daß ihr beyde
~~Ein wenig~~ lange Nägel hattet, schwarz und voll
Unflat?

Nicht wahr, euer Haarpuz war ziemlich unordentlich?
Euere Gesichter verbrannt, grob und eckelhaft.
Dann ohne Reinlichkeit bleibt auch der wollüstigste
Kuß
~~keine~~ Liebe, sondern ein verächtliches Bedürfniß.
Eurer schönen Abentheur sehr bald müde
Hieltet ihr, unter einer Eiche, ein elegantes Abend-
essen
Von Mispeln, Kraut und Wasser. Nach diesem
Legtet ihr euch zusamm auf die liebe Erde
Zur Ruhe. — Und diß ist der leibhafte Stand der
Natur.

Irre ich mich nicht: so ist hier der Punkt, wovon man ausgehen muß, um dem Menschen durch
alle Abwechslungen seiner Bildung und seines Schicksals hindurch bis in die Opera zu folgen, wo er heutigen Tags in einem Kleid mit goldenen Spizen, in
Hemden von Massulipatan, zwischen zwo glänzenden
Maitressen sizt, die mit Brillanten überzogen, und
von Dupont aufgesezt sind; und wo er einem in Sil-
berstof gekleideten Negre Befehl aufträgt, ein Sou-
per in seinem neuen Lusthaus aux Champs de Mars
zu bestellen, und das Spiegelkabinet zum Schlafen
zuzurichten.

Aus

Aus der Vermehrung des menschlichen Geschlechts
ist der gesellschaftliche Zustand entsprungen, und an
der Gesellschaft hängt der Grundsatz der Herrschaft.

Es war unmöglich, daß der Mensch, wann er
den hülflosen und entblößten Zustand bey seiner Geburt betrachtete; wann er das Beyspiel seiner Neben-
thiere ansah; wann er die Uebel, die ihn umringten,
überlegte, nicht empfinden mußte, daß er nicht bestimmt ist, allein zu leben, und daß ihn die Natur
zur Gesellschaft berufen hat.

Alles was man dagegen zu behaupten sich bemühet hat, ist grundlos; und um die Meinungen der
mürrischen Philosophen, welche das Gegentheil auf-
gebracht haben, mit Einem Argument zu widerlegen,
so darf man sich auf nichts berufen, als auf das au-
genscheinliche Beyspiel. Es ist kein Mensch auf der
Erde, den man jemals allein angetroffen hat; und
vom Berge Atlas bis an die entferntesten Golfe des
Eismeers hat man niemals ein Volk entdeckt, das
nicht in Versammlung gelebt hätte.

So gewiß es nun ist, daß die Gesellschaft der natürliche Zustand unserer Bestimmung ist: so gewiß
ist uns die Herrschaft angebohren, weil sich keine Ge-

sell

...schaft ohne Gesez denken läßt — oder wenigstens keine Erhaltung einer Gesellschaft! — Gesellschaft und Herrschaft! diese zween Grundsäze sind also unzertrennlich. Sie sind die Grundsäze der Natur selbst...

...Gesez ... was ist ...? — Der allgemeine Zusammentrag aller Fähigkeiten und Kräfte, aller individuellen Instinkte, um die Masse zu regieren und zu ...

Ich weis nicht, ob ich deutlich genug bin: die Deutlichkeit ist nicht mein Talent. Kurz, ich will sagen, daß die nehmliche Attraktion, welche im ganzen System der Natur regiert, auch den Menschen beherrscht; und daß eben dieser Instinkt zur Gesellschaft, den ihm die Natur eingeprägt hat, nothwendigerweise alle seine physischen und sittlichen Handlungen gegen einen allgemeinen Zweck treiben ... als die Ordnung — das ...

Je vollkommener seine Fähigkeiten also sind; desto weiser wird seine Gesezgebung seyn. Und die beste möglichste Regierung ist folglich die, wo die Nation am liebsten denkt ...

Hier

Hier ist, in Kurzem, mein Lehrbegrif. Laffet ihn
uns nunmehr mit der Geschichte selbst vergleichen.

Wie mag die Gesellschaft der erften Menschen beschaffen gewesen seyn? Man behauptet, diß seyen die
Hebräer gewesen. Gut; ich wills gelten laffen, ungeachtet sich sehr viel Wichtiges dagegen sagen ließ.
Es ist gleichviel bey welcher Nation man anhebt,
um zu beweisen, daß die Menschen immer arm und
elend, immer unglücklich waren, so lang sie dumm
waren.

Ich will nicht in die Zeiten zurückgehen, wo die
Menschen noch ihre Zuflucht zu den Höhlen der Füch-
se und der Kazen suchten: wo sie Disteln ausriffen,
um sich zu nähren; wo sie sich mit den Tiegern und
Bären um ein Aas rauften; wo sie die Zwiebeln, die
Schlangen, die Bäume, den Bliz anbetheten. Damals hatte die menschliche Natur keinen Werth.
Die Gesellschaft war nichts als eine Heerde Wölfe,
die sich zusammhielt, um sich zu gatten, zu vermehren, zu beissen und gegen stärkere Thiere zu schüzen.

Waren die folgenden Zeiten, des Patriarchats,
etwan besser? Die Empfindung einen Beschüzer, einen Anführer nöthig zu haben, bewog die Menschen,

sich

sich dem Ansehn eines Einigen zu unterwerfen. —
Diß ist die erste Stufe der Herrschaft.

Sie waren noch unwissend genug, diesen Vorzug
den Jahren einzuräumen. Man kannte also weder
Tugend, noch Verstand, noch Verdienste. Man
wählte den Fürsten so, wie man die Kaninchen, die
Ziegen, die Störche, ihrem Altvater folgen sah.
Wie traurig war damals der Zustand des Menschen?
Man zählte seine Unterthanen, wie man seine Heerde
zählte. Der Hausvater war zugleich der Gebieter,
der Priester, der Arzt, der Zuchtmeister und der Henker seiner Familie. Er dachte für alle: und er dachte vielleicht sehr wenig.

Hier sind die Folgen dieser Verfassung. Diese
Patriarchen hatten weder ein Eigenthum, noch ein
Land, noch einen Sitz. Sie waren zu einem ewig
schwärmenden Leben verdammt. Ueberall wurden
sie verjagt; und jeden Augenblick waren sie, deren
ganze Politik in der Frömmigkeit bestund, das Opfer
eines Räubers, der sich den König einer benachbarten Nation nannte; dann man vertheidigt sich schlecht,
wann man sich mit Schäferstäben vertheidigt.

Man

Man weiß nicht, welcher von beyden Theilen bey
diesen Umständen unglücklicher war: der Patriarch,
oder seine Sclaven. Die Zeiten waren so elend, daß
sogar das Recht der Natur noch nicht bekannt war,
wie man am Beyspiel der Opferung Isaaks siehet.

Die Braminen, die Chaldäer, die Phönizier —
und wahrscheinlicherweis auch die Sinesen — waren längst mit gewissen Wissenschaften bekannt: sie
waren längst zu Nationen versammelt, als die Hebräer noch in der tiefsten Barbarey schwammen.

Noch zu den Zeiten ihres Josephs, das ist, nachdem das menschliche Geschlecht schon Millionen Jahrhunderte alt war, *) mußte man, um Brod zu haben,

S 5   seinen

*) Man ärgert sich unnöthig über dergleichen Lehrsäze
der heutigen Philosophie. Die Zeitrechnung, die wir
haben, ist nicht die Zeitrechnung der heiligen Schrift,
sondern die Zeitrechnung Joseph Scaligers. Neben
zwey bis drey unumstößlichen Argumenten, die wir von
einem Alter der Welt, das sich bis in Millionen Jahrtausende zurückerstreckt, bekanntermaßen haben, ist
mir immerzu folgendes sonderlich erheblich vorgekommen. — Herodot, dessen Treue im Erzählen bekannt
ist, gedenkt an einem Ort seiner Werke (S. Euterpe)
daß er während seinem Aufenthalt in Egypten, aus
dem Munde der Priester der Isis gehört hätte, indem
er mit ihnen in ein Gespräch über das Alterthum
Egyptens

seinen Leib verkaufen. Die Familie Abrahams war
bis auf den Grad unwissend, daß die Weiber nicht
zu gebähren verstanden. Sie musten sich egyptische
Wehemütter verschaffen.

Die

Egiptens gerathen wäre, wie sie Ueberlieferungen be-
säßen, daß während des Zeitraums, den ihr Vaterland gedauert habe, vier denkwürdige Veränderungen
sich im Lauf der Sonne ereignet hätten. Sie sey
nehmlich zweymal in eben dem Punkt aufgegangen,
worinn sie damals untergieng, und zweymal in eben
dem Punkt untergegangen, worinn sie damals auf
gieng. — Ich will aus diesem historischen Umstand keine mathematische Behauptung folgern: dann ich verstehe lediglich nichts von der Himmelsmeßkunst; und
ich erinnere mich, daß diese Anecdote von einigen
witzigen Köpfen, insbesondere vom Herrn von Voltaire, lächerlich gemacht worden ist. Unterdessen halte
ich mich an das Räsonnement Robertson's, welcher
der neueste unter den Schriftstellern ist, die in einem
ernsthaften Werke diesen Umstand berührt haben.
(History of Greece by William Robertson II B.) Augenscheinlich hätten die Egyptier diesen Begrif vom
Hörensagen, ohne die Sache zu kennen. Dann hätten
sie die physische Regel des Phänomens eingesehen: so
hätten sie auch wissen müssen, daß es einen unstreiti-
gen Beweis von der noch erstaunlich viel weiter sich
erstreckenden Dauer ihres Landes gewährte, als sie
ihm selbst zuschrieben. (Und diese Betrachtung scheint
die Wahrheit der Sache ziemlich zu bewähren.) In
der That weiß und glaubt izt jeder Sternkundige, daß
in einem Zeitraum von nicht weniger als 25920 Jahren das hier der Sonne zugeschriebene Phänomen sich

wirk-

Die Juden wußten weder den Feldbau, noch die Handlung, noch den Krieg. Sie waren so dumm, daß sie für Zwiebeln tagwerkten: und so arm, daß sie ihr Brod ungesalzen aßen.

Als

wirklich, zufolge der von den Meßkünstlern sogenannten Präcession der Equinoxe, ereignet. Folglich wird in zwölf Jahrtausenden, das ist in 12960 Jahren, von itzt an, die Sonne in eben dem Himmelspunkt aufgehen, wo sie itzt untergehet, und untergehen, wo sie itzt aufgehet. Und zwölf Jahrtausende noch weiter hinauf, oder im ganzen Zeitraum von einer Viertel Million Jahre, wird sie die Revolution vollenden und ganz genau in eben dem Punkt auf- und untergehen, wo sie itzt auf- und untergeht. Als Hipparchus eine astronomische Beobachtung, die er 146 Jahre vor Christi Geburt anstellte, mit einer Beobachtung verglich, welche Timocharis und Aristillus 149 Jahr vor der seinigen angestellt hatten, fand er eine so auffallende Abweichung, daß er auf die Muthmaßung eines besondern Umstands im anscheinenden Lauf der Sonne gerieth, den man bis dahin noch nicht bemerkt hatte. Doch gieng des Hipparchus Meynung nicht weiter, als bis zur Muthmaßung. Als Ptolomäus von Pelusium die nähmliche Beobachtung ungefähr 300 Jahre nach dem Hipparchus wiederholt hatte: so entdeckte er aus dem Resultat derselben und dessen Vergleichung mit den beyden vorhergehenden Beobachtungen, daß die Meynung des Hipparchus wohl gegründet war. Und nachherige astronomische Beobachtungen haben diese Thatsache ganz außer allem Zweifel gesetzt. „So weit R o b e r t s o n. — Für mich ist alles diß böhmische Dörfer; übet es gefällt mir.

Als Moises die Nation zum erstenmal in eine Art
von Staat verwandelte; so muſte er ihnen ihre Handlungen bis auf die geringſte Kleinigkeit, die jeder andere Geſezgeber verachtet, oder jedes andere Men-
ſchengeſchlecht von ſich ſelbſt begriffen haben würde,
vorbuchſtabiren. Ihre Sitten waren ſo dumm, daß
er ein ausdrückliches Geſez geben muſte, die Hände
zu waſchen.

In der That dieſes beſchriene Volk, welches ſich
rühmt, Gott Selbſt zum König gehabt zu haben,
ſchmachtete von ſeinem Urſprung an bis an ſeinen
lezten Fall, faſt den gröſten Theil ſeines Lebens hindurch in der Sclaverey.

Es iſt beynahe keine benachbarte Nation, deren
Feſſeln das Volk Iſrael nicht trug. Die Egyptier,
die Phönizier, die Meder, die Perſer, die Römer
herrſchten wechſelsweis über dieſe elende Horde
Hebräer unumſchränkt.

Wie ſollte es anderſt ſeyn bey einem Volk, welches lediglich kein eigenes Produkt hatte, welches alle Bedürfniſſe von Fremden bettlen muſte? Wie
ſollte eine Nation, die ſo arm und ſo unwiſſend iſt,
daß ſie ſogar ihre Waffen aus den Händen ihrer Feinde

de kaufen muß, jemals eine andere, als Sclavenrol-
le, spielen können? Man weis, daß Saul, ihr er-
ster König, oder Scheich, *) und sein Sohn Jona-
than, die zween einigen Männer in der Armee waren, die eiserne Länzen, oder Sensen, hatten; und
diese hatte man während dem Waffenstillstand von den
Philistern erkauft.

Wie? Ihr fragt, welchen Einfluß die Wissenschaften bey gesitteten Nationen auf die Regierung
hatte? Den, daß die benachbarten Völker der Hebräer
immer ihre Ueberwinder, immer ihre Herren waren.
Ihr fragt, welchen Einfluß die Wissenschaften der
Regierung schuldig seyen? Den, daß dieses Volk immer arm, immer abhängig und misvergnügt war.

Gewiß die schwankende Staatsverfassung der
Israeliten, die Empörungen, Mässacren und unglückliche Schicksale, welche diese Nation unabläßig ver-
folgten, haben ihren Grund nirgendswo als im Mangel der Wissenschaften und der Künste. Die Wissenschaften sinds, welche die Bande der Gesellschaft
knüpfen

*) Anno Mundi 2965.

knüpfen und befestigen. Sie sind die wahren Pfeiler des Staats, weil sie die Menschen über ihre Pflichten erleuchten, und ihnen ihr Schicksal erträglich machen.

Diese Hülfsmittel fehlten in der Republik der Hebräer gänzlich. Ohne zur Tapferkeit berufen zu seyn, wollten sie ein kriegerisches Volk vorstellen. Hieraus entsprang ein Karakter des Müssiggangs, des Unfleisses, der Raubsucht, der Unordnung, der nothwendig ihre Sitten verderben und den Staat beunruhigen muste.

Zu all diesem kam noch der Aberglaube, das erstgebohrne Kind der Unwissenheit, und der Vater aller Laster, der Religionswuth, der Schwärmerey, der Empörung, des Mords, der Ungerechtigkeit. Dieser unglückliche Zug, welcher ein Nationalkarakter wurde, vollendete ihr betrübtes Bild.

Un peuple . . . est il bien hébéte
Jouet d'un Fourbe en Froc, d'un derviche effronté

De leurs pieds en tremblant, il court baiser la
                    poudre;

Du Ciel entre les mains il pense voir la foudre.

Et par l'abfurdité croyant honorer Dieu,

N'ofe de fa raifon ufer fans leur aveu.

Là pourvu que le prince achete leur fuffrage,

Iniquité, parjure, et meurtre et brigandage

Il peut permettre tout à fon ambition,

Tout tyran qu'il fera, fa fotte nation

Même en le déteftant lui fera fidele

Maître d'eux par fon or, par eux feuls il l'eft
                    d'elle.

Ein Volk . . . welches mit Fleiß in der Einfalt er-
                    halten wird,

Ift das Spiel jedes Betrügers, im Kirchenrock, jedes
                    unverfchämten Derwifch.,

Es wirft fich zitternd nieder, um den Staub zu ihren
                    Füffen aufzulecken.

Dann es glaubt, die Blitze des Himmels ruhen in ih-
                    ren Händen.

Nach einem abgefchmackten Dienft, womit es die
                    Gottheit verehrt zu haben glaubt,

Erkühnt es fich nicht, ohne Jener Erlaubniß, fich feiner
                    Vernunft zu bedienen.

                                        In

In einem solchen Staat, wofern der König die Priester bestochen hat,

Geht Ungerechtigkeit, Treulosigkeit, Tirannei, Mord
und Raub im Schwang.

Seinem Ehrgeiz ist Alles zu unternehmen erlaubt.

So sehr er immer Wütrich ist, sein thörichtes Volk

Wird selbst durch den Abscheu, den es für ihn hat,
nicht vom Gehorsam abgehalten.

Dann, vermög des Gelds Herr über die Stimme der
Priester,

Ist er vermög der Priester allezeit Herr über das
Volk.

Wann uns ihre Geschichtbücher nicht betrügen:
so war diß genau das Schicksal der Israeliten, so
ists das getreue Bild von ihrer Regierung. Dieses
unglückliche Volk erlitt noch mehr Blutvergiessen
durch seine Richter, durch seine Propheten und seine
Könige, als selbst durch seine Feinde. Eine ewige
Massacre innerhalb dem Staat ist das Siegel, welches seiner Regierung aufgeprägt ist.

Man kennt das Ende, welches diese beruffene
Nation nahm: es war dieser Umstände würdig.

O Dub

O Dulbung, Gotteskind! du aus des Mitt-
lers Wunden

Hervorgegangne Schöne, du,

Durch die Germaniens drey Kirchen eng verbunden

In Eintracht blühn, und schwesterlicher Ruh.

Vertraute Friederich's, die seine mächt'gen
Staaten

Mit ausgespannten Schwingen deckst,

Und nun, berufen von dem Solon der Sar-
maten,

Nach Warschau Fried' und goldnes Alter
trägst.

O kehr den sanften Blick nach Süden, wo
mit Thränen

Die Menschlichkeit um Hülfe fleht,

Und hör das Mordgeschrey, das Röcheln und
das Stöhnen

Das dir die Luft mit Asch' entgegen weht.

Flieg hin mit Cherubskraft, und ſtürz das
Unthier nieder,

Daß es zurück zur Hölle fährt,

Und lehr der Eifrer Schwarm die irrgegang-
nen Brüder

Durch Sanftmuth zu bekehren, nicht mit
Schwerd.

Zaupſer.

Die Materie wird im nächſten Band fortgeſetzt.

Etwas vom Karakter des französischen Staatsministers, Herrn von Bertin.

Eine politische Anecdote.

Der Herr von Bertin, von dessen Abtritt aus dem Kabinet die neuesten Zeitungen sprechen, ist einer der würdigsten Männer in Frankreich. Er war von seiner Jugend an ein Liebling des Königs Ludwig XV, und besas das Vertrauen dieses erleuchteten Monarchen, ohne Unterbruch, bis an dessen Tod.

Vom Jahre 1760 bis 1763 verwaltete er das Ministerium der Finanzen. Die Ueberzeugung so man von seinen Talenten hatte, und das Vorurtheil von seiner Redlichkeit erwarb dem Staat ein neues Vertrauen. Der Kredit der Kammer, der unter seinem Vorgänger, dem Herrn von Silhouette, gesunken war, erhob sich von Neuem. Gewaltsame Operationen, neue Auflagen, öftere Lits de Justice, Verweise und andere dergleichen fiskalische Fakturen aber, die der Friede nach sich zog, und denen er mit all sei-

T 2 nem

nem Ansehen zu widerstehen unvermögend war, machten das Ende seiner Verwaltung verhaßt. Er begab sich derselben freywillig, und lebte eine Zeitlang in der Stille.

Im Jahr 1765 zog ihn Ludwig XV von Neuem an sich, und ernannte ihn zu seinem Geheimminister. Er übergab ihm seine Brieftasche, und machte ihn insbesondere zum Verwalter über seine Schatoulle. Man weis, daß dieser Monarch ein Vergnügen daran fand, immerzu einen baaren Vorrath von Beträchtlichkeit in seiner Privatkasse zu haben; und daß er sich sogar zum Zeitvertreib machte, Gelder anzulegen, mit Handlungspappieren zu negoziiren, und über seine Finanzen zu rafiniren. *) Dieses Departement hatte Herr von Bertin über sich.

Nach dem Tode Ludwigs XV erschuf man, weil gleich keine Ministerialstelle vakant war, um diesem verdienten Minister ein Looß zu machen, zum Besten des Herrn von Bertin ein eigenes Departement — die

---

*) Als der Kronprinz von Schweden 176? eine Reise nach Paris eigends machte, um die der Krone Schweden rückständige Subsidienfoderungen im Nahmen seines Herrn Vaters, König Adolph Friederichs, zu betreiben, und der Staat sich ohne Fonds befand: so schoß Ludwig XV das Geld aus seiner Schatoulle vor.

die Oberaufsicht über die kleine Post zu Paris, über
die Lotterien, die Fiakres, und die Vieharzneyschu-
len ꝛc. ꝛc. zu gleicher Zeit zog ihn Ludwig XVI in seinen Staatsrath.

Der Herr von Bertin ist von einem sehr vortreflichen Karakter. Er sagte öfters, daß unter allen
unangenehmen Zufällen, die ihm während dem ganzen Lauf seiner Staatsdienste begegneten, keiner mehr
zu Gemüth gegangen wäre, als daß ihn der Auftrag
traf, dem würdigen Herrn von Turgot das Porte-
feuille abzufordern.

Er war der intimste Vertraute des unvergeßlichen
Staatsministers, Herrn von Malesherbes, *) von
dem man folgende schöne Anecdote weis, die die Denkensart des regierenden Königs, Ludwig XVI, ab-
zeichnet. Als Herr von Malesherbes dem König

T 3　　　　　seine

---

*) Als die Tappiere des verstorbenen Dauphin, Vater
des itzigen Königs Majestät, nach seinem Tode, 20
December 1765, eröfnet wurden: so behauptet man
den Aufsaz eines Gebets von des Prinzen eigener Hand
gefunden zu haben: worinn er die Vorsicht anruft „daß
wenn sie ihn jemals würdigen würde, die Krone Frankreich zu tragen: so möchte sie ihm den Herrn von Malesherbes beym Leben erhalten, um ihn in der Regierung durch seine Tugend und Klugheit zu unterstüzen.‟

seine Bittschrift, um die Entlassung von dem Ministerium übergab: so erwiderte der junge Monarch: wie glücklich schäze ich sie! Warum ists mir nicht erlaubt, ein gleiches zu thun, und mich von der Regierung zu entfernen! *)

Dergleichen Anecdoten sind sehr nüzlich, um den Karakter der Regierungen, und das Steigen und Fallen der öffentlichen Tugend zu beurtheilen. Einer der merkwürdigsten Abschnitte in der Geschichte der Staaten und der Völker ist der Ministerwechsel.

*) Que vous etes heureux! Que ne puis-je m'en aller aussi!

Rabelais.

(Eine deutsche Ueberſetzung. Die in der Weigand-
ſchen Handlung zur Michaelismeſſe erſcheinen ſoll.)

Man weiß, daß unſere Meſſen an Ueberſetzungen
fruchtbar ſind. Unter die neueſten, die man
dem Publikum ankündigt, gehört die Ueberſetzung der
Schriften des Rabelais. Ich laſſe mich nicht in die
Unterſuchung ein, was es für einen Nutzen bringet,
ein Buch, welches mit dem Geiſt unſerer Zeiten keine Verwandſchaft mehr hat; ein Buch, welches un-
verſtändlich iſt — oder welches man wenigſtens,
ohne Verbrechen, nicht verſtehen wollen darf, zu aufer-
wecken. Ich entwerfe blos einige Reflexionen bey
dieſer Gelegenheit, um die Leſer auf dieſe Erſchei-
nung vorzubereiten.

Rabelais ſchrieb ungefähr ums Jahr 1536. Seine Lebensgeſchichte, die man der letztern Ausgabe ſeines Werks vorangeſetzt hat, iſt voller Abgeſchmakt-
heiten und Unwahrſcheinlichkeiten. Sie iſt beynahe
völlig ſo ungeheur, wie das Leben des Gargantua
ſelbſt.

T 4

So nennt sich sehr Roman. Alles was man ge=
wiß weiß, ist daß wann man sein Werk von der Sei=
te der Sitten und der Andacht betrachten will: so
ists der unsinnigste und schmuzigste Mischmasch, den
je ein betrunkener Mönch ausspeyen konnte.

Diß hindert inzwischen gewisse Vorzüge nicht, die
es in der Ansicht eines erleuchtetern Verstands hat.
In dieser Ansicht ist es die blutigste Satire, die im=
mer auf den römischen Hof, und die Religion selbst,
erschienen ist.

Man wird seiner Zeit die gemässe Betrachtungen
selbst zu fällen Gelegenheit haben. Es ist unmöglich,
daß einem die Allegorien zwischen der Insel Pape=
figuera und den Staaten des Pabsts; zwischen den
Gesezzen der Cibele, des Numa, der Diana, und den
Dekretalen; zwischen dem Orakel von der göttlichen
Bouteille, und dem Geheimnisse des Nachtmahls,
so viel tausend andere Blasphemien, entgehen sollten;
eben so wenig, als man unter dem Gargantua, Kö=
nig Franz I, unter dem Grand-Gousier Ludwig XII,
unter Pantagruel Henrich II, unter dem Hohenprie=
ster Bacbuc Clemens VII, unter Picrocole Kaiser
Karl V, verkennen kan.

Man

Man muß, um dieses Buch mit Geschmack zu lesen, und besonders um den Styl des Rabelais zu
empfinden, die alte Ueberse zung ergreifen, welche
in einem eben so barocquen Deutsch erschien; und die
wie ich vermuthe unter die ältesten Versuche der deutschen Sprache gehört.

Ich zweifle nicht, daß die neue Uebersezung, die
man uns angekündigt, Alles leistet: diß ist das Verdienst unsers heutigen Jahrhunderts; und ich wünsche dem Publikum zum Voraus Glück. — Ich
will mich also nur noch bey der Anmerkung aufhalten, ob Rabelais der erste Autor sey, wie man behauptet, der es wagte, sich an der Kirche zu vergreifen?

Man muß gestehen, wann man das Verhältniß
der Zeiten, worinn er schrieb, dazu nimmt: so war
seine Unternehmung eine der kühnsten und ausseror-
dentlichsten. Alle Mirakel des Gargantua übertreffen das Mirakel nicht, daß sein Urheber mit ganzer
Haut davon kam.

Es ist wahr, Rabelais steckte sich in die Larve
eines Verrückten. Man muß sich nicht an meinen
Sinn kehren, spricht er; aber er lebte zu der Zeit,

T 5   wo

wo man die Narren wie die Fliegen verbrannte, wann sie gegen das Ansehn der Klerisey schrieben.

Gleichwol ist gewiß — und es ist eine der merkwürdigsten Reflexionen in der Geschichte — daß die Kirche niemals lebhafter gespottet wurde, als im vierzehnten, fünfzehnten und sechszehnten Jahrhundert. Unsere heutigen Satiren sind bloße Auszüge aus dem Aretin, Ariost, Machiavel, Boccaz ꝛc. ꝛc. und alle Einfälle unseres Modewitzes sind schon im Cardan enthalten.

Unterdessen, was Rabelais betrifft: so ist unläugbar, daß er die Briefe der Unbekannten (Epistol. viror. obscuror.) zum Muster bey seinem Buch genommen hatte. — Ein sehr altes Werk, das eben so seltsam ist, als die Männer, von denen es sich herzuschreiben vorgiebt. *)

Dieses Buch ist ein Produkt Deutschlands. Es beleidigt mit gleicher Kühnheit, und mit gleichem Witz die heiligsten Dinge wie Rabelais; aber es trägt sie mit

---

*) Das Exemplar, das ich in den Händen des Herrn Abbt Z*** zu Rom gesehen habe, war, wann ich mich noch recht erinnere, vom Anfang des sechszehnten Jahrhunderts.

mit mehr Einfalt und Unverstellung vor. Das, was
Diejenigen, welche mit Nachdenken lesen, darinn
lehrreich finden, ist diß, daß schon damals, und folglich in den eigenthümlichsten Zeiten des Aberglaubens
und der Dummheit, sich Leute fanden, welche die
Zauberey verspotteten. +)

Ich würde Bedenken tragen, dieses Buch öffentlich zu nennen: man macht sich der Sünde der Mit-
theilhaberschaft schuldig, wann man unserm gottlo-
sen Jahrhundert den Nahmen einer gefährlichen
Schrift aufdeckt. Allein es ist in einem so barbarischen Latein geschrieben, daß ich nicht befürchten darf
es werde von jemand gelesen werden: oder unsere
Uebersezungsjäger werden Geschmack daran finden.

Um die Ideen der Neugierigen so geschwind möglich zurück zu leiten: so will ich ihnen einen Kommentar zum Rabelais mittheilen, den vermutblich
der Herr Uebersezer nicht in seinem Plan finden
wird.

Gargantua.

„Hat es jemals einen dauerhaften Ruhm gegeben: so wärs der Ruhm Gargantua's. Gleichwal
haben

*) Ad Acac. Lampirium. Epist. XVI.

haben sich in unserm kritischen und unglaubigen Jahrhundert Köpfe gefunden, die die Verwegenheit unternahmen, an den Wunderwerken dieses besondern
Mannes zu zweiflen. Man hat den Pyrrhonismus
gar so weit getrieben, sein Daseyn zu läugnen."

„Wie ists möglich, sagen sie, daß im sechszehnten Jahrhundert ein Held leben konnte, wovon kein
Zeitverwandter, es sey der heilige Ignaz, noch der
Kardinal Cajetan, noch Guichardin, oder andere berühmte Theologen, sprechen; und von dessen Geschichte man nicht die mindeste Spuhr in den Protokollen der Datarie findet."

„Man blättere die Jahrbücher Frankreichs,
Wälschlands, Deutschlands, Spaniens ꝛc. ꝛc. durch:
nirgends wird man den Nahmen Gargantua antref-
fen. Seine Lebensgeschichte ist von der Geburt bis
ans Ende ein ununterbrochener Zusammenhang von
Wundern."

„Seine Mutter Gargamella gebiert ihn durchs
linke Ohr. Kaum ist er auf der Welt: so verlangt
er mit einer schröcklichen Stimme, die man von
Beauce bis Bavarais hört, zu trinken. Er braucht
sechs-

sechzehn Elln Tuch zu seinem blosen Brustst ck, und
hundert Kuhhäute für seine Schuhe."

„Kaum ist er zwölf Jahre alt: so gewinnt er ei-
ne beträchtliche Schlacht, und stiftet die Abbtey zu
Thelème. Man giebt ihm eine Madam Badebec zur
Frau; und er frißt bey seinem Hochzeitmahl sechs
Pilger in einem Salat."

„Nach aufgehobener Tafel schlägt er sein Wasser
ab: es entsteht hieraus der Fluß Seine."

„Alles diß, man muß gestehen, lauft wider die
Natur, und wider den Begrif unserer Philosophen,
deren Schwachheit die ist, daß sie nichts glauben
wollen, was sie nicht einsehen."

„Daß der Glaube an Gargantua, sprechen sie,
unbenklich alt ist; das ist kein nothwendiger Beweis
für die Wahrheit der Sache. Wann die Pariser von
Jahrhunderten her dieser Meynung waren: so ists
keine Folge, daß andere Nationen es eben so seyn
müssen. Hätte Gargantua auch nur ein einiges der
Wunder, die man ihm zueignet, begangen: so würde die ganze Erde davon ertönt haben: alle Geschicht-
schreiber der damaligen Zeit hätten Meldung davon
gethan.

gethan. Tausend Denkmäler, die man zum Andenken errichtet hätte, würden davon Zeugniß ablegen."

„Kurz, sie nennen Diejenigen, so au Gargantua glauben, ohne Umschweif dumme Schöpfen, leichtgläubige Pinsel, Stockfische, die sich der Leitung einiger heuchlerischen Betrüger überlassen, welche sich zum Gargantua blos bekennen, um ein Kanonikat in der Abbtey von Theleme zu erwerben."

„Wahr ist's, man hat ihnen auf eine unüberwindliche Art geantwortet. Man hat ihnen bewiesen, daß wann kein anderer Schriftsteller, Rabelais ausgenommen, von den Wunderwerken Gargantua's rede: so widerspreche ihnen hingegen auch keiner. Thuanus selbst, der doch die Schwachheit hatte, an Wahrzeichen und an die Sterndeuterey zu glauben, gedenke der Wunder des Gargantua nicht mit einem Wort, um sie zu läugnen. La Motte le Bayer und Mezeral, welche die Geschichte Frankreichs umständlich beschrieben, zogen sie niemals in Zweifel. Der Pater Daniel, von dem man die Jahrbücher der französischen Begebenheiten bis auf Ludwig XIV hat, respektirte diejenigen des Gargantua so sehr, daß er nicht eine Sylbe davon sprach."

„Diese

„Diese Wunderwerke, sagt man ihnen, geschahen im Angesicht der ganzen Erde. Rabelais war ein leiblicher Zeuge davon. Er konnte weder auf den Einfall kommen, zu betrügen; noch sich betrügen zu lassen. Er war der Mann nicht, dem man was weis machen konnte. Er hatte kein Interesse dabey, die Parthey des Gargantua zu nehmen. Uns mindeste, als er sich etwas zu sagen unternommen hätte, was nicht dem war: so hätte sich die ganze Welt gegen ihn empört, und ihn Lügen bestraft."

„Endlich, Gargantua ist der Stifter der Abbtey zu Thelenie: diese Abbtey existirt. Es ist wahr, man findet keine Spuhr vom Stiftungsbriefe: aber die Abbtey ist vorhanden: sie besizt zehntausend Dukaten Einkünfte. Gleichfalls ist der Fluß Seine ein unvergängliches Denkmal der Macht von den Blasengefässen des Gargantua: er existirt unidugbar."

„Und übrigens was kostet es, die Wunder Gargantua's zu glauben. Sie führen auf den sichern Weg zu Benefizen in der Abbtey Theleme, oder einer

ner andern; wohingegen der Weg zur Philosophie
immer zweifelhaft bleibt."

Dieser Kommentar gehört dem Vater der Kritik
und der Philosophie, dem Herrn von Voltaire, zu.
Ich habe nichts hinzuzusezen, als daß ich die Fort-
schreitung meines Jahrhunderts auf der Bahn der
Aufklärung und der Weltweisheit bewundere.

Lasset uns den alten Römern ähnlich werden, welche über die Heiligen lachten, aber für ihren Dienst
Ehrerbietung trugen.

Israel

Israel wie sorgt Gott für deine Rechte!

Irgendwo erinnere ich mich gelesen zu haben, daß die Zahl aller Richtere, Anwälde, Gerichtschreiber, Notaren 2c. 2c. in Summa die ganze Familie der Themis, in England auf 600,000 Personen geschäzt werde, durch deren Hände die Einkünfte des Reichs — das ist Fünfund achtzig Millionen Pfund Sterling — alle Sieben JahrEinmal liefen.

Dieser Berechnung wollen wir folgende Skizze zur Seite sezen. Sie ist vom berühmten Linguet.

Zu Paris allein zählt man, sowohl beym Parlament als beym Schatelet, 636 Anwälde (Procureurs), wovon Einer in Andern jährlich 25,000 Franken Einkünfte erwirbt. Der geringste Anfänger dient sich des Jahrs auf sechstausend. Von den grossen giebts welche, die es auf funfzigtausend und drüber, bringen... Thut ohngefehr sechzehn Millionen Livres. (Die Erpensen mit eingeschlossen.)

Die Rolle der ordentlichen Abvokaten (le Tab-
leau) bey diesen zween Gerichtsstülen enthält 600
Nahmen. Wir wollen nur die Helfte in Berechnung
ziehen, weil diejenigen, die ihr Schaf schon ins Tro-
ckene getrieben haben, von ihren Renten leben, und
auf Einen in den Andern 10,000 Franken. Es ist
wahr, ihr Verdienst ist verschieden. Ein gemeiner
Tagwerker, wie zum Beyspiel ein * * *, ein * * *
hat Mühe genug, bey allen Injurien womit er seine
Schriften anfüllt, täglich einen Louisd'or zu erwerben, oder jährlich seine tausend Laubthaler. Allein
ein flacher Stuzer, ein wohlschauffirter Petitmaitre,
der das schöne Geschlecht an sich zu ziehen, oder auch
ein derber Pedant, der durch seine legale Miene die
Männer einzunehmen weis, treiben es jährlich auf
20-30 bis vierzigtausend Livres. Thut abermals
— für die Abvokaten — drey Millionen.

In vorbenannten beyden Tribunalen dienen nicht
weniger als 100 Assessoren, denen die Relationen
übertragen sind; und folglich soviel Sekretäre, soviel
Handlanger, soviel Schreiber. Für die einen sind
Sporteln erfoderlich (Epices): für die andern
Schreibgebühren, Extractgebühren, Trinkgelder 2c.
Rechnen wir, auf Herrn und Diener zusamm, mehr
nicht als für jede Kanzley 50,000 Livres. Facit
Drey Millionen.

Ist

Izt folgen die Advokaten bey ben niedern Stelᵪ
len (Avocats aux Conseils, à la Cour d'Aides, aux
Presidiaux &c. &c.) Fügen wir hinzu, daß ausser dem Parlament zu Paris, noch 12 Parlamente
in ben Provinzen, 4 Hofgerichte, 100 Landgerichte,
9 Rammergerichte, 9 Rechnungskammern, eine un-
zählbare Menge Stadtgerichte, königliche, adeliche
und gemeine Landstühle in Frankreich sind: alle beschäftigt, ihr Amt so hochmöglich zu benuzen, die Partheyen so gut möglich zu schinden, das Recht so theur
möglich zu verhandlen: so darf man kühnlich für die
ganze Finanz der französischen Gerechtigkeit jährlich Vierhundert Millionen Livres annehmen —
das ist: soviel kostet es die Menschlichkeit in Frankreich, um das Mein und das Dein zu erörtern."
So weit Linguet.

Die jährliche Circulation in Frankreich, das ist,
die Summe des jährlichen Nationalreichthums, auf
24,00 Millionen angenommen, frißt demnach die
Justiz den sechsten Theil der Einkünfte; also mehr
als die Armee und die Flotte zusamm. Lasset uns
nunmehr in Deutschland übergehen.

Die Bevölkerung von der Spize des Rheins bis
an die Mündung der Ostsee beträgt, den neuesten

Pro-

Protokollen gemäs, beyläufig 24 Millionen. Hierunter ist, wie man behauptet, jede fünfte Seele entweder Rath, Professor, Schöppe, Assessor, Advo-
kat, Notar, Amtmann, Stadtschreiber, Amtsbür-
germeister, Richter, Scherg oder Henker. Foiglich
beträgt die Summe der prozessirenden Republik in
Deutschland 480,000, oder ungefähr eine halbe
Million.

Zufolg der Logarithmen des Süßmilch und Anderer verzehrt ein Mensch in andern jährlich 50
Thaler. Demnach kostet, dem allermässigsten Kal-
kul nach, die deutsche Gerechtigkeit, nebst ihrer Tochter der Schikane, dem Vaterland Vier und zwanzig
Millionen Thaler.

Die Verwüstungen im leztern deutschen Kriege
1758-62 wurden, nach dem Congreß zu Huberts-
burg, auf hundert Millionen Reichsthaler angeschlagen. Die Gottheit des Friedens und der Ordnung verursacht also um vier Millionen jährlich
mehr Kosten, als die Furie des Kriegs und der Zerstörung.

Sine Praejudicio!

Die

Epochen
der englischen Marine.

Seitenstück.

(S. Chronologen V Band, Seite 199.)

So wie sich die Macht der brittischen Monarchie an sich selbst von dem Zeitpunkt der Union.*) herschreibt: so muß man den Ursprung des gegenwärtigen Seewesens in die Verwaltung Cromwell's sezen.**)

Schon seit der Regierung der Königin Lisbeth***) hatte der brittische Staat angefangen, ein politisches System anzunehmen. Dann unter den vorigen englischen Regenten, wurde er, gleich so wie Frankreich vor der Regierung Henrich's IV, vom Zufall, und von einer unordentlichen und barbarischen Politik beherrschet.

U 3   Zu

*) Unter Jakob I, welcher 1603 zur Regierung kam.
**) Von 1649 bis 13 September 1658.
***) Sie betrat den Thron 1553, und beherrschte, nach der Hinrichtung Mariens, von 1558 an England allein.

Zu dieser Zeit fiel man zuerst auf den Gedanken, einen Fleck an Amerika, welches damals die grosse Scene der europäischen Ehrbegierde war, zu suchen. Die Provinz Virginien, welche die erste englische Kolonie in Amerika ist, entstund 1562.

Die allgemeine Begierde zu Entdeckungen, welche ganz Europa belebte, beförderte die Seekunst. Das Meer ward für das grosse Theater des Reichthums und des Glücks angesehen. Hieraus entsprang stufenweis eine neue Gattung von Politik, die man die Herrschaft zur See nannte.

Dieses Zepter ist seitdem der Gegenstand des Ehrgeizes aller seglenden Staaten geblieben; und so sehr sich die übrigen auch verstellen: so sehr sie mit ihrer Bescheidenheit pralen: so ist nichts gewisser, als daß alle ihre Unternehmungen auf diesen Zweck streben, und daß der Wunsch, die ausschliessende Macht auf der See zu haben, in dem Herzen eines jeden verborgen liegt.

Man weiß, daß diese Herrschaft anfänglich in den Händen der Portugesen, der ersten Entdecker des Wegs nach Amerika war. Sehr bald theilten sie solche mit den Nachkommen Kolomb's. Der Untergang

tergang der Armada endigte die Epoche der spani-
schen Regierung auf der See, unter Philipp III,
*) Von nun an schwebte dieses Zepter zwischen den
Engländern, Holländern und Franzosen.

Die Geschichte der englischen Seefahrt und
Handlung ist durch und durch mit der Geschichte ihrer Regierung verwebet.

Unter Lisbeth war die Marine Englands ziemlich
gestiegen, weil alle Ausschläge ihrer Regierung groß
waren. Jakob I folgte, und die Schwachheit seines Karakters verflößte sich auch ins Seewesen.
Die Holländer und Franzosen unternahmen Eingriffe in die Handlung der Engländer. Die Marine
sank in eben demselben Grad wie England unter dieser Regierung immer schwächer ward, oder — was
im Staatscalcul gleich viel ist — seine Nebenbuh-
ler empor kamen.

Der edle Karl I erschien auf dem Thron: er sah
die Fehler seines Vaters ein, ohne die Kräfte zu besizen, ihnen abzuhelfen. Er hatte aber Muth genug,
es zu versuchen, und Höheit der Seele genug, es
zum Besten seines Reichs, zu wollen. Diß ist der
Keim seines unglücklichen Schicksals. Um die allzu-

U 4   kühn

*) 1596.

kühn gewordenen Holländer wieder in ihre Schranken zurückzubringen, entschloß sich der König eine Flotte auszurüsten. Hiezu hatte er Geld nöthig: dieses veranlaßte die bürgerlichen Unruhen, deren trauriger Ausgang nur zu wohl bekannt ist.

Der Mörder Karls übernahm das Ruder des Staats zu einer Zeit, da die Herrschaft zur See beynah völlig in die Hände der Holländer und Franzosen, welche sich die unglückliche innerliche Theilung Englands zu nüze gemacht hatten, gefallen war.

Von hier fängt die ordentliche Geschichte der englischen Marine an.

Die Holländer hatten die Schwürigkeiten ihrer ersten Jugend überwunden. Sie waren ins Mannsalter getretten, das ist ins Wachsthum ihrer Kräfte und ihres Reichthums. Ihre Macht war bereits bis auf den Grad gestiegen, daß sie in einem Kriege mit Cromwelln 100 Kriegsschiffe aufstellten.

Die Franzosen waren bey weitem in diesen Umständen nicht. Ludwig XIV besas 1653 nicht mehr als 10 Fünfzig-Kanonschiffe. Aber kaum hatte der Geist Kolberts die Marine angeblasen: so besas

Frank-

Frankreich eine Plantation in Amerika, wo kein Platz
mehr übrig zu seyn schien, und maßte sich der Geset-
gebung auf der See an.

Von nun an entdeckte sich, was man bisher noch
nicht zu empfinden geschienen hatte, daß das Interesse der Republik Holland und des französischen
Hofs dem Interesse Britanniens entgegen stehe.

Hätten die Spanier nicht durch eine unverzeihli-
che Thorheit ihr Glück selbst verdorben, und anstatt
die Menschen nach Millionen zu schlachten, sich in
Amerika ausgebreitet: so wäre Philipp IV bey weitem der mächtigste Monarch auf der Erde, und der
Schiedsrichter dieser Plackereyen geblieben. — Jedoch diese Betrachtung gehört nicht in die Gränzen
unserer Materie — Genug

Cromwell erhob die brittische Flotte wieder auf
eine Höhe, daß der berühmte Sieg bey Harlem zwischen dem Admiral Blak und dem Admiral Tromp
zweifelhaft blieb; daß die englische Flotte, welche
nach Westindien gegangen war, um den Spaniern
Hispaniola wegzunehmen, in ihrem Rückweg Ja-
maika eroberte, und daß ihre Flagge auf allen Mee-
ren Meister blieb.

U 5   In

In der That scheint, die englische Macht sey niemals ehrwürdiger, die Handlung Britanniens niemals blühender gewesen, als unter dem unumschränkten Zepter dieses ausserordentlichen Manns. Alle Laster seiner Usurpation ersezte er dem Staat durch die Vorzüge seiner Verwaltung; besonders aber durch das Leben, welches er in die englische Marine und Handlung goß.

Es ist wahr, er hatte nicht den Ruhm, zu seinen Lebenszeiten dem emporstrebenden Stolz der Marine Ludwigs XIV das Zepter zu entreissen; aber er hinderte wenigstens, so lang er an der Spize des Staats war, daß Frankreich sich nicht vergrössern konnte; und durch seine Einrichtung legte er den Grund, wordurch England nach seinem Tode die Uebermacht zur See über Frankreich gewann.

Als Karl II den Thron bestieg: so fand er 56 Schiffe vom ersten Rang vorhanden, und die englische Flagge in allen Theilen der Welt siegreich wehend.

Von hier aus lasse man uns einen Blick auf den ersten Zustand des englischen Seewesens zurückwerfen. Als Henrich VIII eine Flotte errichten wollte:

so

so muſte er die Schiffe zu Danzig, zu Lübeck, vornehmlich aber von den Genueſern und Venetianern, die damals die einigen Schifsbaumeiſtere in Europa waren, zuſammkaufen. Lisbeth errichtete die erſte engliſche Flotte auf den Fuß, wie ungefähr unſere heutigen Landmilizen. Sie gab den Bürgern zu London, zu Portsmouth ꝛc. ꝛc. Erlaubniß, Schiffe auszurüſten, und für ihre Gefahr den Staat zu vertheidigen. Inzwiſchen legte ſie hierdurch wenigſtens den Grund zu einer Matroſenſchule.*) Sie hinterlies ihrem Thronfolger 42 eigene, völlig zum Krieg ausgerüſtete Schiffe.

Karl II vermehrte die Flotte, ſo er fand, bis auf 83 Fahrzeuge, worunter 58 Schiffe vom erſten Rang waren. Unter ihm vervollkommte ſich das Seeweſen ungemein, und die Schifbaukunſt wurde in England einheimiſch.

Jakob II ſein Bruder erhöhte die Marine noch mehr. Er diente vor ſeiner Thronbeſteigung ſelbſt als Admiral, und er iſts perſönlich, welcher die Kunſt der

*) Dann auch die Anführer, die Offiziers, bis auf die Bootsleuthe, muſte man von den Genueſern und Venetianern kaufen. — Und man fragt noch, welchen Einfluß die Wiſſenſchaften auf den Staatsnuzen einer Nation haben?

der Signale erfand.   Sein Fehler war, daß er den Staat nicht so gut zu rudern wuste, wie das Wasser. Er scheiterte an der Regierung, und

Wilhelm III, der den von ihm verlassenen Thron einnahm, traf eine Flotte von 63 Schiffen verschiedener Grössen an, welche mit 7000 Kanonen und 42,000 Seeleuten bemannet war.

Der spanische Erbfolgkrieg vermehrte diese Seemacht aufs Gedoppelte: so daß die englische Marine Anno 1760. 414 Kriegsfahrzeuge ins Feld stellte, welche eine Armee von 80,000 Mann trugen.

Man weis aus den Jahrbüchern des heutigen Kriegs das gegenwärtige Verhältniß ihrer Grösse.

Die Marine ist eine ganz neue Gattung von Macht.   Die Alten hatten sie nicht; oder sie schienen wenigstens, sie zu verachten. Man behauptet, daß die Römer niemals eine Kriegsflotte leiden wollten.

Auch hat die Marine das alte System des Gleichgewichts in Europa völlig umgeändert.   Sie allein ist gegenwärtig das Panier der Hoheit und der Macht. Sie entscheidet das Schicksal der Staaten.

Im-

Immittelst ists thöricht, sie zu beschuldigen, daß
sie nach einer allgemeinen Herrschaft ziele : die Uni-
versalmonarchie auf dem Wasser ist ein eben so eitler
Entwurf, wie die auf dem Lande.   Dann eine Seemacht kostet wenigstens dreymal so viel als eine Armee.*)   Kein Staat in Europa würde das Geld
aufbringen können, das Zepter Neptuns zu kaufen,
das ist, die Alleinherrschaft auf dem Ocean auszu-
üben.

Was das System der brittischen Flotte belanget:
so übertrift sie die Seemacht aller anderer Nationen
bey weitem durch die Zahl ihrer Schiffe und die Tüch-
tigkeit ihrer Seeleute.   Sie ist beynahe der einzige
Ge-

*) Die Unterhaltungskosten der englischen Flotte sollen in
Friedenszeiten nicht mehr als jährlich eine Million Thaler erfodern: — in Kriegszeiten aber, das ist wann die
ganze Flotte in der See ist, kostet sie zwanzig Millionen.
— Hier ist eine kurze Gage-Liste.

	Pfund.	Schilling.
Der commandirende Befehls-haber.	5	
Admirals der weissen und der blauen Flagge.	3	10
Viceadmiral.	2	10
Schout bey Nacht.	1	15
Kapitän vom 1ten Rang.		15
vom 2ten		12
vom 3ten		10
vom 4ten		7
vom 5ten		6
vom 6ten		5
Bootsmann. Monatlich	1	4

Gesichtspunkt der brittischen Nation. Man siehet an dem Beyspiel der Admirale Byng, Keppel ꝛc. ꝛc. daß die Kriegszucht bey der Flotte noch wichtiger gehandhabet wird, als bey der Landarmee, wann man anderst diesem Beyspiel die unbestraften Fehler der Generale Howe und Bourgoyne entgegen sezen darf.

Troz dem ist in ihrer innerlichen Verfassung ein nicht minder nagender Wurm verborgen wie bey der französischen. Dieses Uebel ist zwar nicht Insubordination, nicht Verwirrung in der Verwaltung: man weiß, daß die englischen Seeoffiziere, wären sie auch von der vornehmsten Herkunft, der Ehre der brittischen Flagge alle Nebenleidenschaften aufzuopfern wissen, und ihre Admirale gründlich respectiren.

Es ist noch gefährlicher; dann Es ists, welches der englischen Nation den Haß aller seefahrenden Staaten, und folglich den Krieg zuziehet. Die Ausschweifungen ihrer Seemacht sinds, die ganz Europa gegen England empören.

Wie kommts, daß so scharf die Disciplin bey der englischen Flotte ist, wann sie in Linie stehet oder im Hafen liegt: so bewunderungswürdig schön ihr Dienst ist, wann sie unter den Augen ihrer Admirale flot

tirt,

tirt, daß sich einzelne Schiffe und Geschwader, sobald sie in der freyen See sind, die gewaltsamsten Thaten, Angriffe, Beleidigungen des Völkerrechts, Ungerechtigkeiten, Unordnungen und Dienstfehler herausnehmen?

Die Verfolgung der Feinde bis mitten in neutrale Häfen; die Angriffe ihrer Kaper unter den Kanonen fremder Batterien; die Beleidigung der Allianz an den Holländern, des Völkerrechts an den Schweden, des Kriegsrechts an den Franzosen: kurz die neuern Zufälle mit dem Admiral Byland, mit der Fregatte Illerim, mit dem ostindischen Kartelschif, welche die heutige Geschichte uns lehrt, sind offenbare Züge, daß im Körper der Marine ein Uebel verborgen liegen muß, und daß es nicht zufällige Fehler sind, sondern ein Wurzelgebrechen.

Ein Beyspiel mag für alle dienen.

Auf der Höhe von Terreneuve wird ein englisches Geschwader ein entferntes Segel gewahr. Sogleich machen zwo Fregatten Jagd darauf. Die eine schneidet ihm den Weg ab, und die andere legt sich ihm vor den Wind, daß es nicht umkehren kan. Ein Kutter lauft hierauf gegen das Seegel an: man nimmt

nimmt es in die Mitte, und es zeigt sich, daß es ein holländisches Courrirschif ist.

Um es näher zu locken: so stecken die Fregatten französische Flaggen auf: der hierdurch betrogene Holländer giebt die gebräuchlichen Freundschafts- signale. Im Augenblick fassen ihn die drey Schif- fe wie in einen Dreyangel ein, und man giebt ihm eine scharfe Lage zum Gruß.

Vergebens steckt er die Neutralitätsflagge auf: vergebens will er sich erklären. Ungeachtet die Nä- he genugsam zuließ, mit ihm durchs gewöhnliche Sprachrohr zu reden : so war dieser Weg den Eng- ländern nicht bequem. Man giebt ihm durch einen scharfen Kanonschuß von jeder Fregatte den Befehl, die Seegel einzuziehen und an englischen Bord zu kommen.

So wie das Feldhun, wann es vom Bley des Jä- gers getroffen ist, die Flügel sinken läßt, und zu den Füssen seines Mörders stürzt: so gehorsam fielen die Flaggen des Holländers nieder auf diesen nachdrük- lichen Wink. Er setzte sein Boot aus, und zeigte, daß er sich unterwerfen wolle.

Allein

Allein da man izt gleich nicht Zeit hatte, sich mit ihm aufzuhalten, indem das Geschwader auf dem Lauf war: so befahl man ihm zu folgen. Er segelte, so wie ein Delinquent zwischen zween Häschern, in der Mitte der beyden Fregatten, mit niedergeschlagenen Flaggen. Die Fregatten hielten sich ihm scharf an der Seite und wiesen ihm die geöfneten Batterien.

Es war ein merkwürdiger Anblick, wie ängstliche Mühe sich der arme Gefangene gab, sein Schif genau im Strich zu erhalten, indem er auf den mindesten Verdacht sogleich eine Lage zu erwarten hatte, die ihm das Garaus gemacht haben würde. Das ämsigste Manöuvre seiner Bootsleute sah man, damit das Schif immer im Aug seiner Begleiter bleiben möge.

Endlich beschloß man, ihn zu visitiren. Vermuthlich sollte man glauben, daß bey dieser Art von Geschäften, deren Endzweck nichts anders ist, als um den Freund vom Feinde zu unterscheiden, um die Paßporte des Schifs einzusehen, und aus den Frachtbriefen und der Ladung zu beurtheilen, ob es neutrale Güter führe; daß hiebey mit Maße zu Werk gegangen, daß Bescheidenheit mit Höflichkeit verknüpft,

X und

und dem Schif keine Beschädigung zuzufügen ge-
trachtet würde.

Daß die Schifsböden in der Ordnung eröfnet
werden; daß man mit Vorsicht in Raum hinabstei-
ge; daß man sich der vorhandenen Laternen bebie-
ne, um kein Unglück anzustellen; daß man das Licht
bey seit seze, das Schif keiner Feuersgefahr zu unterwerfen; daß man nach vollendeter Visitation den
Kapitän und das Schifvolk wiederum freundlich
entlassen, und ihre Strasse ziehen lassen würde: das
vermuthet man, nach den Grundsäzen der Ehre und
der Billigkeit.

Allein man sehe, wie es gieng.

Sobald der Kapitän und der Steurmann auf der
englischen Fregatte ausgestiegen sind: so bindet man
ihnen die Hände und Füsse mit Stricken. Eine
Truppe englische Bootsleute springen aufs hollän-
dische Verdeck, ergreifen Hacken, Aexte und Beile,
und hauen ohne weiters Löcher in den Schifsboden.
Vermög dieses kurzen Expedients fällt der Tag bis
auf den Grund, und nun wühlt, poltert, schmeißt
man unter den Waaren um: schneidet auf, kehrt zu
unterst oberst, verderbt, verbricht was verderb-
lich ist.

Nach-

Nachdem man mehr Zerstörung gemacht hatte, als je ein Feind anzustellen vermögend ist: so nimmt man etliche Fässer Wein, etliche Fässer Rum, einen Ballen Knackwürste, etliche Fässer Zwieback, zum sogenannten hergebrachten Ehrengruß für den Kapitän der englischen Fregatte, mit Gewalt vom Schiffe, und sagt den Holländern endlich: daß sie nunmehr zum Teufel fahren können.

Unterdessen hat man dem holländischen Kapitän, seinem Steuermann und dem übrigen mit sich gebrachten Schifsvolk auf der englischen Fregatte eine Bastonnade gegeben, daß ihnen der Rucken blutet. Hierauf erkennt man sie für eine freundschaftliche Flagge, und nachdem man sie wieder auf ihr Schif zurückgeschickt hat: so schießt man diesem noch eine scharfe Kugel hinten nach zum Abschiedskompliment.

Diß ist, wann man den öffentlichen Zeitungen glauben darf, ein Faktum. Ein Faktum aus der Geschichte der gegenwärtigen Fehde; das folglich vor

X 2   unsern

unsern Augen geschah, das die Wahrheit obiger Betrachtungen auf eine unumstößliche Art bestättigt.

Wann man dergleichen Züge allenfalls für Ausschweifungen betrunkener Seeleute, ausgelassener
Flibustiers auslegen könnte; wann man sie nicht zum
Geist der englischen Marine rechnen wollte: was
kann man auf folgendes antworten? daß sie allzu-
häufig sind; daß sie offenbar ungestraft bleiben;
daß man sich von je her in den Kriegen mit England
darüber beklagt hat?

Wann im Kanal und im atlantischen Meere, in
der Ostsee und im deutschen Meere sich zu gleicher
Zeit eben dieselben Vorfälle, eben dieselben Ausschweifungen, eben dieselben Barbareyen zutragen; was soll man anders schliessen, als daß sie
aus einem allgemeinen Grundtrieb entspringen,
welcher ungeachtet der Entlegenheit der Oerter
überall eine gleiche Wirkung hat?

Dieses traurige Mobil ist die leidige Opposition.

Sebald

Sobald ein Schif zu Plymouth die Segel aufzieht und in die See tritt: so werden die Köpfe des Kapitäns und seiner Bootsleute von der Einbildung entzündet, daß das Aug der Nation auf sie gerichtet sey. Sie stellen sich die Streitkämpfe vor, die threntwillen im Parlamentssaal zu Westmünster, und in den Tavernen zu London, zu Bristol und zu Dublin geführt werden. Sie sind zum Voraus vom Zujauchzen des Volks bezaubert. Sie betrachten im König nichts als einen Tiran, in seinen Ministern feige, verrätherische Seelen: sich selbst aber als die Vertheidiger des Vaterlands, als die Werkzeuge des englischen Ruhms und der Rache der brittischen Nation.

Nebenbey von der Ehre des Vaterlands, von dem Vorzug der englischen Flotte, von dem Geiz nach Eroberungen, von der Verachtung anderer Nationen schwärmerisch eingenommen, überschreiten sie allzuleicht eine Schranke, welche zu vertheidigen der König oder der Kriegsrath nicht stark genug ist, und wobey sie allemal die Oppositionsparthey vor sich haben.

T 3   Eine

Eine Anmerkung, die so sehr gegründet ist, daß
wenn man die englische Flotte beysamm, in eine Linie gereihet und unter dem Auge ihres Admirals stehet, so beobachtet man eine Ordnung, eine Disciplin, einen Kriegsdienst, der bis zur Bewunderung
gehet, und die Ehrfurcht aller Kenner hinreißt.

England gleicht gegenwärtig einer Familie, in
der der Mann und das Weib uneinig leben. Was
Wunder, daß die Kinder und das Gesind, während
sich Vater und Mutter miteinander schlagen, unge-
zogen werden und ausserhalb dem Hause thun, was
ihnen beliebt?

Eine

Eine Reflexion

einer Reflexion über den deutschen Meßkatalog im deutschen Musäum, August-
monat 1780.

Unter den Monumenten, die sich in der Sammlung des deutschen Musäuns — sich in der
heutigen deutschen Litteratur überhaupt auszeichnen, sind die Bemerkungen eines deutschen Gelehrten, welche sich über den Meßkatalog machen
lassen, ein seltnes Stück.

Der Einfall, die deutsche Litteraturernbte, oder
vielmehr die Fruchtbarkeit des deutschen Parnasses
zu kalkuliren, ist sinnreich; und er ist vom Urheber
mit einem Witz abgehändelt worden, welcher interessirt.

Zufolg der angezeigten Verhältnisse war die Medizin immer der fruchtbarste Erdstrich auf dem Boden der deutschen Litteratur, und sein Produkt ver-
hielt sich ein Jahr ums andere beynahe gleich. Seit
160 Jahren betrug die Menge der medizinischen
Schriften, so auf dem Markt erschienen, immer
$\frac{1}{12}$—$\frac{1}{14}$ am Ganzen.

X 4   Wann

Wann man nun — die Chymie, ihre Halbmut-
ter, und die Naturgeschichte, Mettallurgie und Bo-
tanik, ihre Stieffchwestern, miteingeschlossen— einen jährlichen Ertrag von 170 neuen Büchern in
der Arzneykunst annimmt (So viel besagt der Meßkatalog von der Ostermesse 1780.;) und wann man
eines ins andere nur ein Alphabet stark rechnet: so
hat die Medizin, binnen einem Jahrhundert, Sie-
benzehntausend Bücher geliefert und ungefähr drey
Millionen Ballen Pappier verzehrt.

Hilf Himmel, welcher Aufwand! — für eine
Wissenschaft, von der, wann man dem seeligen
Sturz*) glauben darf, einer ihrer vornehmsten
Coripheen sagte, daß er Alles was Wahr darinn sey,
auf Einen Bogen bringen wolle.

*) Doktor Mead versprach, die ganze gegründete Arz-
neykunst auf Einem Bogen zu hinterlassen. — Es
sey euer Feder, künftige Aerzte: und wann es nicht
geschrieben wird: so rath ich euch, was Sydenham
Blakmoren rieth: lest nie ein ander Buch, als den
Don Quixotte. — Helfrich Peter Sturz
Schriften — Fragment aus den Papieren eines
verstorbenen Hypochondristen. Seite 190.

Uebet

Ueber Herrn Pfeffel.

In Frankreich und den übrigen europäischen Ländern ist das heutige Modestudium die Landwirthschaftslehre und die Politik der Auflagen: in Deutschland ists die Erziehungskunst.

Man ist endlich auf den Begrif der Alten gelangt — wollt ihr wissen, was die Kinder lernen müssen? „Was sie „antwortete Agesilaus" als Erwachsene thun sollen.

Hier ist nicht der Plaz, die Geschichte der Schulen zu wiederholen. Sie ist eine der sonderbarsten Parthien in der Geschichte der allgemeinen Menschheit.

In den ältesten Zeiten, ehe Sterbliche schrieben oder lasen: ehe Pallas aus dem Haupte des Donners hervorsprang, besas die Dummheit ihr Recht, als Tochter des Chaos und der ewigen Nacht. Diesem Paar gab das Schicksal in ihrem zärtlichen Ehe-

X 5   stand

stand diese schöne Thörin. Sie war eben so groß wie ihr Vater und so unwissend wie ihre Mutter.

Sie beherrschte den Verstand der Welt in angeerbter Anarchie; und sie führte das Zepter in den Schulen bis in die Mitte des achtzehnten Jahrhunderts.

Diese bezogen sich auf nichts, als einen Mischmasch von Gelehrsamkeit und Pedanterey. Sie waren finstere Labyrinthe, in welchen ein Ignorant und eine Heerde Kinder herumirrten, die Thüre zu suchen. Sie glichen den Hölen der Druiden. Ein ernsthafter Nachtkauz, den man Präceptor nannte, saß hinter einem Folioband, mit einem birkenen Zepter in den Händen.

> Dans inania verba,
> Dans sine mente sonum.
> *Virgil.*

Die Musen und die Grazien wurden, so wie die Singvögel, an seinem Anblick scheu, und entfernten sich. Niemals hat man die Horaze, die Ovide, die Anakreons, die Petrarche, die Chaulieus, die la Fontaine in den Gegenden dieser Wildnisse erblickt.

Auch

Auch entsprachen die Wirkungen dieser Verfassung. Wann ein junger Mensch die Classe verließ: so wußte er gerad Alles, was ihm nicht nöthig war, was ihn für die Welt nichts nützte: er hatte genau so viel gelernt, um desperat zu werden.

Diß war die Quelle der Tyrannen, der Schwärmer, der Orthodoxen und der Strauchdiebe.

Wie konnte es anderst seyn? Pope beschreibt uns das Bild dieser Schulen.

„Sie sahen ihren Lehrer an und wurden zu Narren.“

Zwar noch immer ist die Dummheit bemühet, ihr altes Reich wieder herzustellen; dann weil sie eine Göttin ist, so ist sie unsterblich. Inzwischen arbeitet man ihr kräftig entgegen.

Dank sey der Periode der Locke, der Basedowe, der Rochow und der Pfeffel! Die Lehre am Menschen, dieser schöne Zweig der Philosophie unsers Jahrhunderts, breitet sich aus.

Der Zweck aller Erziehungsanstalten, „so schreibt einer unserer neuesten Erziehungskünstler“ ist, die grosse Kunst zu leben.

„Diese

„Diese bestehet 1) in standhafter Ertragung des Leidens; 2) Offenheit des Herzens; 3) Politesse der Sitten und der Manieren. Das erste bringt Arbeitsliebe, Thätigkeit, Gesundheit; das zweyte erweckt die Sympathie mit dem Schönen, dem Aufheiternden, dem Wahren; das dritte ist ein unentbehrliches Surrogat der Tugend."

Courage! mein Herr Erzieher. Sie sind auf dem rechten Weg. In Wahrheit, in der Kunst zu leben liegt der ganze Zweck unseres Daseyns. Man weis, daß wann man das Kindsalter, die Geschäfte, den Schlaf, die Tafel, das Greisenalter — Zeiten, worinn man weder lebt noch gestorben ist — an der Rechnung des Lebens abziehet: so bleibt zum eigentlichen Genuß unserer Existenz nicht mehr als fünf Jahre an dem Leben eines gesunden Menschen von gewöhnlichem Alter übrig.

Wie wichtig ist also das Geheimniß zu leben! Wie sehr sind wir Ihnen, meine Herren, für die Kunst verbunden, diese kostbaren Augenblicke so gut möglich zu benuzen!

Ich habe sehr wenig von unsern neuen Akademien gesehen — selbst die zu Stuttgardt, welche man für

die

die beste in Deutschland rühmt, nicht: Aber ich bin unendlich persuadirt, daß wann man allen Aka-demien in Europa die Frage vorlegen sollte, welches die vollkommenste unter ihnen sey: so würde eine jede sich selbst den Vorzug geben, nach ihr aber das Institut des Herrn Hofrath Pfeffel zu Colmar nennen.

Man kan kaum etwas Anziehenderes und zweck-mässigeres denken, als der Plan dieses Instituts; und es ist keines der geringsten Verdienste des deut-schen Musäums,*) daß dasselbe uns damit bekannt gemacht hat.

Herr Hofrath Pfeffel hat seinem Institut den Nahmen einer Kriegsschule gegeben. Diß ist das Relief, welches die meisten neuern Erziehungsstifte annehmen. Man weis aus ihren Annalen die Grundsäze hievon. Unterdessen ist merkwürdig, daß ihnen ein Jesuit den Typ dazu gab: der Pater Par-hamer ist, wie ich behaupten darf, der erste, der die militarische Disciplin in eine bürgerliche Schule ein-geführt hat. Es war eine Zeit, wo man über die-sen Gedanken lachte. Man nannte die Kriegsübun-gen des Pater Parhamers eine Harlekinade.

Wie

*) Deutsches Musäum. V Stück 1780.

Wie schnell hat die Zeit den guten Jesuiten ge=
rechtfertigt? Wie sehr müssen wir über unsere In=
consequenz beschämt seyn, da wir nicht nur den Mi=
litairfuß, wozu er Anlaß gab, gegenwärtig aller
Orten nachgeahmt sehen; Sondern wir sehen so=
gar, wie zu Stuttgardt, ein Theater mit der Schu=
le vereinigt.

Von nun an müssen wir uns über nichts mehr
wundern: unsere Vorurtheile waren unverzeihlich.

Ich enthebe mich in die Details des Herrn Pfef=
fels zu gehen.*) Man findet sie ausführlich in dem
Werk,

*) Der Etat der Akademie verhält sich.

Herr Pfeffel, Hochfürstl. Hessen= Darmstädt. Hofrath.	} Direktoren.
Herr Lerse.	
Herr Titel.	
Herr Binder.	} Gouverneurs.
Herr Braulin.	
Herr Billing. Rektor.	
Herr Luce. Konrektor.	
Herr Laut.	
Herr Thiele.	} Subrektoren.

Zahl der gegenwärtigen Eleves 41. Alter des Ein=
tritts 11 — 14 Jahr. Pension: 30 neue Louisd'or.

Werk, das ich angedeutet habe. Blos einige wesentlichen Züge will ich ausheben.

Die Schule ist getheilt in allgemeine Lectionen
und in Privatlectionen.

Jene sind: Religion, deutsche Sprache, französische Sprache, Geschichte, Geographie, Statistick,
Rechnen, Geometrie, das Nothwendigste aus der
Philosophie, schöne Wissenschaften, Naturgeschichte, Schreiben, Zeichnen, Tanzen und Fechten.

In der That bestehet alles hierinn, was zu einem
liebenswürdigen Menschen, zum Mann für die Welt,
gehört: das übrige gehört zum Kabinetsgelehrten.

Die Privatlectionen: Latein, Englisch, Wälsch,
Heraldik, die ersten Grundsäze der Tactick und das
Exerziren, das Staatsrecht von Europa, die vater-
ländische Geschichte eines jeden Eleves, die politi-
sche Oekonomie, Civil- und Kriegsbaukunst mit der
Illumination, Musik, Reiten. Lectionen, die nur
denjenigen Eleves gegeben werden, die eines oder
das andere aus Neigung oder Bestimmung verlangen.

Nichts

Nichts kann weiſer ſeyn, als dieſe Eintheilung.

Eine der merkwürdigſten Jdeen in dem Syſtem dieſes Inſtituts iſt das Kapitel der Belohnungen und Strafen. Dieſer an ſich ſelbſt ſo wichtige, und ſo oft misbrauchte Beſtandtheil einer Schule iſt von Herrn Pfeffel auf eine Art behandelt worden, die den Vorzug der Akademie zu Colmar vor allen möglichen Akademien in Europa beweiſt, und von der Weltklugheit ihres Urhebers zeugt.

Blos dieſes Kapitel iſts, was wir anführen wollen, um den Karakter dieſes Inſtituts zu ſchildern.

Strafen.

„Die höchſte Strafe iſt das Fortſchicken, zu der jeder Strafpfenning ein Schritt iſt. Alle Wochen nehmlich bekommt jeder Zögling 3 runde und ſoviel 4eckigte Pfenninge. So oft er in Lectionen faul iſt, wird ein runder : ſo oft er auſſerhalb der Lectionen einen Fehler begehet, ein 4eckigter gefodert. Daher heiſſen die runden Fleißpfennige (Iettons) und die andern, Sittenpfennige (Fiches). Die er am Ende der Woche übrig hat, werden ihm mit meſſingen, gleichen Schnitts, erſezt. Hat einer alle verlohren

lohren, so bekommt er eine böse Note in demjenigen Register, das sich auf die Art der Pfennige beziehet. Zween messinge machen eine gute Note. Verliert er bis auf 6: so kommt er nun an die kleinen Tische, wo der Nachtisch fehlt."

„Am Ende des Vierteljahrs wird die Zahl der guten und der bösen Pfennige gegeneinander gehalten. Da nur 13 gute überhaupt möglich sind: so muß man schon sehr schlimm gelebt haben, um 7 böse zu zählen, und hat alsdenn nur um einen bösen mehr, als gute."

„Die Zahl der überschießenden bösen wird mit soviel Tagen der Schandmüze (oder Schandklappe, die er tragen muß,) gebüsset. Die Schandmüze und der Zwilchkittel (Sarrot) dienen noch zwischen der Zeit, grosse Vergehungen zu strafen, für die ein oder wenig Pfennige nicht hinreichten."

„Der höchste Grad der Strafe ist die Kette, die aber nur um den Leib, wie ein Bandelier, gelegt wird, und Gefängniß bedeuten soll. Mit den gedachten Zwischenstrafen ist, um sie empfindlich zu

5ter Band.   Y   machen,

machen, eine böse Note verbunden, und noch eine
Geldstrafe von 3 Sols für jedes Stück, an den Bedienten, ders ihm anlegt."

"Jede schwehre Vergehung kommt vor den Senat, der aus dem Direktorium und den besten Zög-
lingen bestehet; und die zuerkannte Strafe wird feyr-
lich vollzogen. Der Strafbare begiebt sich in ein
Zimmer, wo er von zween Mitschülern mit aufge-
pflanzten Bajonetten bewacht wird. Der Senat versammelt sich; die Eleven stehen in Parade; die Trom-
mel wird gerührt; der Beklagte wird vorgeführt, und
ihm aus dem Protokoll sein Vergeben und Urtheil
vorgelesen, und dieses sogleich vollzogen. Nach diesem wird der Beklagte vor jedem Aufseher vorbey-
geführt, der ihm die Hand zur Vergebung reicht."

"Wer 3 Quartale nacheinander mehr böse als gute Noten hat, folglich eben so oft die Quartalskappe
tragen muß, wird ohne Erlassung fortgeschickt.*)"

Be-

---

*) Diß hat in der Akademie zu Colmar die Wirkung,
daß selten einer diese öffentliche Strafe auch nur ein-
einzigmal leidet.

Belohnungen.

„Die Akademie ist in 4 Kompagnien getheilt. Die drey subaltern Kompagnien unterscheiden sich durch das Längenmaß: die vierte Kompagnie aber wird die Ehrenkompagnie genannt, und besteht im Ausschuß der Besten. Sie unterscheidet sich durch Hutfedern. Die Ehrenkompagnie hat weisse, die übrigen blaue, rothe, grüne. Die Kapitäne werden aus der Ehrenkompagnie genommen, und bleiben auch nachher Mitglieder von ihr. Diese Kompagnie hat viel Vorrechte, die man ihr um desto sicherer geben kan, da der Mißbrauch eines Vorrechts die ganze Kompagnie desselben auf immer verlustig macht.“

„Dergleichen sind: Allein auszugehen, doch mit Vorwissen des Tagaufsehers; nicht an den kleinen Tisch gesezt zu werden, sondern dafür 2 Sittenpfennige zu bezahlen; ein eigenes Versammlungszimmer zu haben, wohin ausser den Lectionen die übrigen Kompagnien nicht kommen dörfen u. s. w. In eben diesem Zimmer hängen die Bildnisse ihrer vormaligen Mitglieder, da die übrigen im grossen Saal hängen. *) “

„Die

*) Bildnisse der Eleven aufhängen — eine Maxime, die mir sehr gefällt, und die die Ambition junger Leute sehr

D 2

„Die Kleidung der Ehrenkompagnie unterscheidet
sich durch eine mit Gold durchwirkte Aiguillette.
Endlich, um diese Kompagnie den übrigen mehr beliebt, als neidenswerth zu machen, **) hat jeder
von ihnen Einmal die Freyheit, für einen Verbrecher eine wirksame Bitte zu thun."

„Die Belohnungen insbesondere sind: eine Prä-
mie (Prime) für irgend eine gute That, die eine gute
Note gilt, oder eine böse auslöscht; das Fleiß- und
Sittenkreuz, welches 5 Eleves bekommen, die die
meisten guten Noten zählen. Diese heissen dann
Ritter und haben das Recht, mit der Ehrenkompagnie
das Quartal über im Conseil zu sizen, und mit einem
Ehrensoldaten auszugeben, auch während dieses
Quartals zur Ehrenkompagnie gewählt zu werden.
Die Ehrenkompagnie ist die größte Belohnung, die
eine

sehr interessirt. — habe ich an mehrern Orten, z. B.
in der Ecole militaire zu Paris, im Theresianum zu
Wien, nirgendswo aber mit dem unterscheidenden Merite, daß die Portraits ihrer Mitschüler von den Eleves selbst gemahlt sind, wie zu Neapel, verknüpft gesehen.

   Anmerk. v. Verf. d. Chronolog.

**) Welcher Bon Sens!

   Anm. vom Verf. der Chronolog.

eine Menge von Vorzügen in sich schließt. Sie bestehet aus 10 Köpfen, die blos durch die Zöglinge selbst gewählt werden."

Jeder Zug dieses Instituts ist ein Modell des Sinnreichen, des Besondern, des Neuen = jede Face, von welcher man es betrachtet, enthält etwas schönes. Hier ist z. E. eines der Lieder, welche bey gewissen Feyerlichkeiten gesungen werden. *)

Bey Einweihung eines neuen Zöglings.

Auf! Brüder, auf! schließt einen frohen Reihen,
Laßt euer Herz den Freuden offen stehn!
Kommt, eilet ihn zum Bruder einzuweihen,
Den neuen Freund, den wir im Kreise sehn.

         Da Capo.

Freund! Lebe hoch, komm, laß dich dreymal küssen,
Nimm unser Herz, es schwebt auf unserm Mund,
Und wann wir einst uns wieder trennen müssen,
So denke stets an unsern Freundschaftsbund!

         Da Capo.

Y 3   Ein

*) Bey jeder öffentlichen Versammlung der Akademie wird von den Eleves ein Conzert aufgeführt, welches in deutschen, wälschen und französischen, begleiteten Arien bestehet, die sich auf den Gegenstand beziehen.

Ein anderes:

Bey einer öffentlichen Strafe.

Weh' dir! Bruder! wehe – wehe
Dem Verächter seiner Pflicht!
Weint ihr Zeugen aus der Höhe,
Weinet, nur verlaßt ihn nicht!

Da Capo.

So muß man seine Einsicht in die menschliche Natur zeigen: so muß man die Organisation des Herzens der Jugend kennen, wann man das Muntere in die Schule zu bringen, oder vielmehr, wann man den Zwang zu versüssen weiß. Alles, was man anderwärts siehet, ist nichts als rectifizirter Pedantismus.

Nur noch etwas von der Manipulation des Instituts.

Gelehrte sollen und können im Institut nicht gebildet werden. — Für die ist in ordentlichen Schulen gesorgt. — Nicht aber für die Edelleute, die oft schlechten Hofmeistern, ja selbst guten, ohne grossen Nutzen in die Hände fallen, und entweder zu müssigen Land junkern, oder zu wilden Offizieren, oder zu

»selbst«

ſelbſtdünkenden Magiſtratsperſonen gedeihen, und
ohne Wiſſenſchaft und Kunſt nie einen rechten Begrif,
oder gar Verachtung in die Welt bringen."

„Perſonen von Stande werden hier, was ſie werden können, lernen Wiſſenſchaften im Ganzen kennen,
lernen Ordnung, Unterwerfung, Gerechtigkeit, Billigkeit, lernen Wohlſtand und Weltgebrauch. Von
hier gehen ſie auf Reiſen, oder in Kriegsdienſte, oder
auf ihre Güter."

Die Edelleute des Herrn Pfeffel werden alſo dem
Bilde nicht mehr ähnlich ſeyn, welches Rabelais
von den Fuchsjägern zu Papefiguiera entwirft.

Va, fais vite et travaille.
Manant, travaille, et travaille, vilain!
Travailler eſt le fait de la camaille.
Ne t'attend pas que je t'aide un ſeul brin,
Ni que par moi ton labeur ſe conſomme
Je t'ai jà dit que j'étois gentilhomme,
Né pour chommer et pour ne rien ſavoir.

Mach!

Mach! Frisch! Arbeit!
Arbeit' Kerl! Rühr' dich, sag ich, Schlingel!
Arbeiten — das gehört sich für den schlechten Pöbel.
Hof' nicht, daß ich dir auch nur eine Spelze von der
                        Ehre
Heben werd', oder daß ich für dich schaffen will.
Hab' dir schon gesagt, daß ich ein Junker bin,
Gebohren zu fressen und zu schlaffen, und nichts zu
                        wissen.

„Vom Kriegswesen hat das Institut die Uniform,
die Rüstkammer, das Manöuvriren, die tägliche
Wache von 2 Mann, die jeden Fremden meldet, und
den Unterricht in der Taktik und Ingenieurkunst.“

„Auf die Sitten richtet Herr Hofrath Pfeffel sein
Hauptaugenmerk, theils weil sein eigenes Herz sanft
und voll warmen Gefühls ist, theils weil diß dasjenige Alter ist, wo Bildsamkeit und Vernunft aneinander gränzen. Ehre und Gewissen sind seine Triebfedern. Auf sie stüzen sich Strafen und Belohnungen. *) “

                                    „Die

*) Durch die sanfte Behandlung, durch die gelegentlichen
   Privatunterredungen, durch die warme gefühlvolle
   Schärfung ihrer Gewissen ist dem Herrn Pfeffel
                                    ein

„Die Quartalceremonien, auch die Aufnahme
und Entlaſſung eines Zöglings geſchehen öffentlich,
in Beyſeyn der feinen Welt, ohne auf die Religion
zu ſehen. Die Aufnahme geſchiehet durch Darſtellung
des Neulings in die Mitte der beyden Reihen, an der
ren einen Oefnung das Directorium ſteht, und an
der andern die Fremden ſtzen. Unter Muſik und Ab-
ſingung eines Liebs wird der Neuling von jedem mit
dem Degen geſchlagen, und dann umarmt, und endlich derjenigen Kompagnie, wohin er nach ſeiner
Gröſſe gehört, vom Kapitän vorgeſtellt und einge-
ſezt.‟

„Die Entlaſſung geſchiehet durch Ableſung eines
franzöſiſchen Certifikats, das ihm überliefert wird,

H 5   mit

oft gelungen, das Gefühl der Meiſten ſehr zu verfei-
nern, und faſt Allen einen Ton von Aufrichtigkeit und
Freymuth einzuflöſſen. Nichts iſt häufiger, als daß
bey Unterſuchungen, wann Verbrecher und Zeugen
die Wahrheit zu geſtehen ermahnt werden, dieſe nicht
nur der Partheylichkeit vergeſſen, ſondern auch oft
jene nach ihrem Abtretten wiederkommen, und ſich
ſelbſt über Thaten und Abſichten anklagen, damit ihr
Gewiſſen beruhigt werde. Das Protokoll der Akademie iſt von dieſen feinen Geſtändniſſen ein bleibendes
Denkmal.

mit dem Ansuchen es wenigstens Einmal öbelich zu lesen, da es seinen Character getreu schildert. Dann wird ihm, so er Ehrenmitglied war, ein goldenes Kreuz an die Brust geheftet. Endlich nimmt er öfentlich Abschied‘‘, wobey die Trommeln gerührt werden.‘‘

Mit dem Erziehungsplan verhält es sich wie mit einem Stück Marmor. Unter den Händen eines mittelmäßigen Künstlers wird es zum Pferdekopf: Er Pfessel hauet einen Apollo heraus.

Die

Die Kinder im Serail.

Eine wahre Anecdote,

aus der Feder eines deutschen Legations-Sekretär zu Konstantinopel.

Man behauptet, daß niemand wisse, wie eigentlich die Bildung der Jugend des türkischen Hofs im Serail beschaffen sey. Nichts ist aber gewisser, als daß der gegenwärtige Kaiser eine besondere Neigung zeigt, seinen Kindern und Neffen eine Erziehung soviel möglich nach dem Muster der europäischen Höfe zu geben. Man weiß zuverläßig, daß sich unter den Verschnittenen, denen sie anvertraut sind, französische, wälsche und englische Sprachmeister, Lehrer der Geschichte, der Tonkunst und der europäischen Kriegskunst befinden: und man nennt sogar einen Abbe darunter, einen Renegaten, der ehemals die Erziehung eines bekannten europäischen Prinzen hatte.

Bis dato glaubte man, zum mindesten für die jungen Sultaninin, daß sie sich mit nicht mehr beschäftig-

ten, als Selams *) briden zu lernen. Man siehe
aber, daß sich ihr Scharfsinn weiter erstreckt, aus
folgender Anecdote. Der Kaiser erzählte sie unlängst
freymüthig, in einer Gesellschaft mit seinen Ministern
und den fremden Gesandten, in seinem Garten zu
Bujukdere.

Da der Kaiser außer der Sultana Echach, die
mit dem Rzanchi Pacha, Gouverneur von Salonichi
getrauet ist, der Sultane Mibl Richach und der Sultane Aiche, welche beyde gleichfalls schon verlobt
sind, kein Kind mehr im Leben hat, als den Sultan
Selim, den er mit einer ausserordentlichen Zärtlich-
keit liebt, weil er von der geliebtesten unter seinen
Gemahlinn, seiner Emetulah, gebohren ist: so er-
zieht er diesen Kindern zum Vergnügen die Familien
seiner Brüder und Schwestern mit ihnen zugleich in
einer Gesellschaft in seinem Serail.

Unlängst versammelte er alle zusamm, wie er öfters zu thun pflegt, in seiner Gegenwart, um eine
Akademie zu halten, und sich von ihren Studien,
Vergnügungen und Neigungen Rechenschaft geben
zu lassen.

Man

*) Blumenkräusse, deren sich das türkische Frauenzim-
mer für Briefe bedient, ihren Gemahls, Anverwands-
ten und Liebhabern ihre Gedanken zu eröfnen.

Man muß wissen, daß der Sultan Mustapha,
ein Prinz von 10 Jahren, Sohn seiner Schwester
der Sultane Fatina und ihres zweyten Gemahls,
Baffa Mehemed, ein wenig häßlich ist; ein Fehler,
welcher dem Gefühl eines orientalischen Prinzen niemals entwischt. Unter dem verschiedenen Spielzeug,
das der Kaiser ihnen vorlegen ließ, war ein Toilette-
spiegel. Der junge Sultan wollte ihn ergreifen: in
diesem Augenblick riß ihn ihm die Sultane Fatima,
seine Schwester, aus den Händen. — Hier, sprach
sie, diß ist der Spiegel, worinn sich Sultane an-
schauen müssen. — Bey diesen Worten zog sie einen
kleinen Sabel, den er an sich trug, aus der Scheide,
und gab ihn ihm in die Hand.

Dorat.

Dorat.

Ein litterarischer Beytrag.

Der verstorbene Dichter Dorat ist, wie man weiß, der Liebling des schönen Geschlechts. Diesem zu gefallen führen wir etwas von dem Karakter und den Lebensumständen desselben an.

Dorat war ein gebohrner Pariser. Er wird immer unter denjenigen Schriftstellern einen Rang behaupten, die der französischen Sprache Ehre machen. Die Natur hatte ihn zum Poeten berufen. Sie gab ihm eine ausserordentliche Leichtigkeit des Ausdrucks, einen schönen Geist, und eine blühende Einbildungskraft.

Alle seine Werke führen ein gewisses zärtliches Kolorit, und einen Reichthum von Tönen an sich, welche beweisen, daß die Dichtkunst sein Eigenthum war.

Es ist beynahe unmöglich einen leichtern und zierlichern Vers zu machen, als folgende.

De

De quels poids on est soulagé
Lorsque l'on perd une maitresse !
Enfin, amis le charme cesse ;
Je suis heureux, j'ai mon congé.
Tout m'amuse, et rien ne me lie ;
Il faut pourtant en convenir :
Laïs est jeune, elle est jolie ;
C'est pour cela que je l'oublie.
On risque à s'en ressouvenir.
Que je hais ce front ou respire
L'interessante volupté.
Cet art de tromper, de seduire,
Si semblable à la vérité,
Et sa folie et sa gaité,
Et le charme de son sourire !
Que je dedaigne, que je hais
Cette flottante chevelure,
Qui sert de voile à ses attraits,
Ou bien qui leur sert de parure ;
Ce sein qu'amour fait embellir,
Qui s'enfle, s'élève ou s'abaisse
Au moindre souffle du desir,
Ou la rose semble fleurir
Sous la bouche qui la caresse,
Ses caprices qui font des loix,
Ce feu dont son oeil étincelle

Et

Et les sons touchans de sa voix,
Qui jure une ardeur éternelle
A cinquante Amans à la fois.
Je la deteste, je l'abhorre!
Mais ... c'est trop m'entretenir,
Car à force de la hait
Je pourrois bien l'aimer encore.

Congé à Madame P***

Dorat war aus einer guten Familie. Er erwähl-
te in seiner Jugend, so wie alle junge Franzosen von
Stand, die Waffen, und er diente bey den grauen
Mousquetaires.

Ein entschiedener Hang zu den Musen, mit einer
unersättlichen Begierde, in die französische Akademie
zu gelangen, verknüpft, bewog ihn, daß er seine
Charge verkaufte, und sich bloß mit der Feder unterhielt.

Seine Werke sind sehr zahlreich. Sie tragen alle
den Unterscheidungszug an sich, daß sie dem schönen
Geschlecht geweihet sind. Dorat ist der Jacobi der
Franzosen.

Eines

Eines seiner vornehmsten in dieser Art ist das
Journal des Dames, die Iris der Franzosen. Die
Frau von Maisonneuve, eine Schülerin des Herrn
Dorat, hatte es angefangen. Den Mangel, worinn
sie Herrn Dorat leiden sah, bewog sie, ihm das
Privilegium hiezu abzutretten; und diese Schrift war
in den letztern Jahren seine Beschäftigung, und die
Stüze seines Lebensunterhalts bis zu seinem Tod.

Seine übrigen Schriften sind Gedichte, Lustspie-
le, Tragödien und Erzählungen ꝛc. ꝛc. Er wollte in
allen Fächern der Dichtkunst Versuche leisten; und es
gelang ihm gröstentheils.

Dorat war in den feinsten Gesellschaften zu Paris aufgenommen. Er besuchte die schönsten Häuser,
und er war ein ordentliches Mitglied von den wöchentlichen Zusammenkünften bey der Madam Cassini,
Madam Marchais, Madam Necker, Mademoiselle
de l'Espinasse. Er besuchte die geistreichen Versammlungen der verstorbenen Madam Geoffrin, der Madam Favart und des Herrn von Beaumarchais.

Der schönste Theil der vornehmen Jugend zu Paris war seine Schüler. Dorat stund in der engsten
Verbindung mit dem verstorbenen Marquis von Pe-

zai, mit dem Ritter Bousters, mit Herrn Gulbert und andern schönen Geistern am Hofe.

Unterdessen starb er, voll Ueberdruß, und vom äussersten Mangel umrungen, auf der Helfte des Wegs. Er war nicht älter als 46 Jahre, da ihn der Tod auf einem Ruhebette, das ihm die Schauspielerin Faunier gelliehen hatte, umarmte.

Sein Verdruß rührte vermuthlich aus einer übertriebenen Empfindlichkeit, und aus einer allzugeringen Einsicht in die haußhälterische Ordnung her. Alle seine Werke sind mit den schmerzhaftesten Ausdrücken über seine Unglücksfälle, und über die Verfolgungen, die ihm sein Leben verbitterten, durchwebt.

Folgende Stelle, eine der lezten so er schrieb, dient zur Probe.

„Als ich die Laufbahn der Schriftstellere antrat: so umrangen mich sogleich alle möglichen Wirbelstürme der herrschenden Sekte. Sie hoben mich aus meinem Ruhepunkte und rissen mich in Abgrund mit sich fort.“

„Ich

„Ich war in dem gefährlichen Alter, wo man nur lacht. Ich wollte von meinem Recht Gebrauch machen. Ich scherzte über die Gleißnerey unserer Philosophie und unserer Wissenschaften.‟

„Wie weit war ich entfernt vorauszusehen, was mir bevorstund? Bey meinen ersten Schritten wurde ich gehemmt. Man wies mir die Schranke an, worinn ich beharren sollte. Ich wagte es, mich darüber wegzusezen. Spott, Verfolgung, Untergang waren die Folge, die ich bis izt empfahe. Alles vereinigte sich, meine Existenz zu zernichten.‟

Wann man überlegt, daß ein Gressset, ein Klist, ein Cronegk, ein Bade, ein Regnard, ein Quinault, so wie Dorat, beynahe in der Blüthe ihres Alters hinstarben: so sollte man denken, daß für die schönen Künste von einem fatalen Schicksal die Gränze abgekürzt worden sey.

Unterdessen ist glaublich, daß das Leben des Herrn Dorat mit angenehmern und dauerhaftern Blumen bestreuet gewesen seyn würde, wofern er nicht mit Fleiß den Haß der obherrschenden Parthey in der heutigen französischen Litteratur erweckt, oder seinen Aufwand mehr eingeschränkt hätte.

Hieraus

Heraus kan man urtheilen, wie übelberichtet die Kunstrichtere unseres Jahrhunderts, und wie unwissend und leichtsinnig insgemein ihre Aussprüche sind. Um der Philosophie, nach löblicher Mode, etwas anzuhängen, hat man zur Nachricht, die man vom Tode des Herrn Dorat in den öffentlichen Blättern zu Paris gab, folgendes Apostill gemacht.

„Dieses beweiset, daß unsere Philosophen „im gröſten Elend sterben, und daß die Phi- „losophie auch nicht einmal ihre Beerdigungs- „kosten herbeyschaffen kan.

Es ist niederträchtig und grausam, einen Verstorbenen unter der Erde zu beleidigen: die Asche eines Todten ist heilig: aber diese Niederträchtigkeit wird doppelt beleidigend, wann sie sich auf Lüge gründet.

Das unangenehme Schicksal des verstorbenen Dorat bestund gerade in dem, daß er ein Antipode der herrschenden Philosophie, und ein persönlicher Gegner der Orakel des heutigen Tags war.

So erklärt er sich bey diesem Gegenstand unter andern.

„Was mir am nachtheiligsten war, ist, daß ich
den grossen Propheten unsers Jahrhunderts, diesen
berühmten Wiederherstellern der Moral und der Gesezgebung, diesen mächtigen Beherrschern des Tons,
entgegen stieß."

„In Wahrheit, ich versah mich, an ihnen Duld-
samkeit, Verträglichkeit, Weisheit, mit Einem Wort
alle jene hohe Tugenden zu finden, die sie mit so
vielem Geräusch predigen.   Ich glaubte in meiner
Einfalt, daß ein pedantischer Pracht mit dem stillen
Studium der Weisheit unverträglich wäre."

„Anstatt dessen fand ich nichts als affektirte
Schulfüchse, metaphisische Plauderer, kühle Schwärmer."

Man urtheile, ob Dorat nun ein Mitglied der
philosophischen Clique war.

An einem andern Ort sagt er.

„Ich wuste nicht, daß man in unsern Tagen keine Verzeihung erhält, wann man gute Grundsäze
hegt. Ich kannte das System der berühmten Brü-
derschaft nicht, welche Philosophie predigt, ohne

weise

weise zu leben; welche sich tolerant nennt, weil sie schöne Phrasen über die Toleranz macht; welche sich der Welt nützlich zu seyn dünkt, weil sie diejenigen verfolgt, welche nicht denken, wie sie selbst."

Es ist also gewis, daß der Dichter der geistreichen Gesänge *) nicht arm war, aus Philosophie: sondern weil er die Philosophie zu wenig verstand. Verschwendung war die Quelle seiner Armuth, und Inconduite die Quelle seines Mangels an Hilfsmitteln. Seine Uneinigkeit mit den Philosophen entfernte ihn von einem Posten an der französischen Academie, den er mit Sehnsucht suchte, und wovon jene die Austheiler sind; und von den Gnaden des Hofs, worauf ihm die Güte seiner Sitten, seine Verdienste für die Wissenschaften, und selbst seine Armuth, ein Recht zu geben schienen.

In der That die Philosophie ist so weit entfernt, ihre Söhne der Armuth zu überlassen, daß sie selbige vielmehr mit allzusichtbaren Seegen belohnt. Die reichen Verlassenschaften eines Fontenelle, Voltaire; und die glücklichen Umstände eines Alembert, Marmon-

*) Cantiques spirituels sur les points principaux de la religion. Chef d'Oeuvre de M. Dorat. Paris 1765.

montel, Helvetius, Raynal sind beredte Züge ihrer
Freygebigkeit.

Hier ist eines der neuesten Urtheile von den Werken unsers Scribenten. Es ist von einer französischen Feder gefällt.

„Herr Dorat gehört zu jenen Autoren, deren
Schriften die Nachwelt wahrscheinlicherweis zu volkreich finden wird. Sie wird ihn unter diejenigen
rechnen, von welchen ein Schriftsteller, der an sich
selbst diesem Ausspruch unterworfen ist, sagt: daß sie
einen ununtermischten Ruf genießen würden, wofern
nicht mehr als ein gewisser Theil ihrer Werke sich
erhielt. “

„Das poetische Verdienst des Herrn Dorat ist,
daß er einen Reichthum an Worten besitzt, die sich
ihm öfters so glücklich darbieten, daß ein einzelnes
zuweilen für einen völligen Begrif dient. Er hatte
die Kunst gänzlich in seiner Gewalt, Reime mit An-
muth zu wiederholen, sie ohne Zwang zu verdoppeln,
zu beugen, zu dehnen. Unter seiner Feder ründete
sich der Ausdruck von selbst. Er schildert mit Leichtigkeit, und sein Vers ist oft eines Boileau würdig.“

Herr

„Herr Dorat hat nicht gefühlt, daß ihn die Natur zur Laufbahne der Chaulieus berufen hatte. Wann er nicht die ausserordentliche Reizbarkeit der Nerven dieses Dichters besaß: so hatte sie ihm doch die Harmonie, die Annehmlichkeit, die Reinigkeit des Styls verliehen, welche den Ruhm desselben unvergänglich machen.“

„Seine Tragödien, so sehr sie an schönen Reimen voll sind, sind nichts weniger als tragisch. Selbst seine Comödien, von falschen Tiraden durchwebt, sind frostig, und öfters anstössig. Sein Celibataire ist eines der unvollkommensten Stücke unter allen, die auf der heutigen Bühne erschienen sind. Und dem Amant borru fehlt sogar das Verdienst des Styls und der allgemeinsten Regeln des Wohlstands und des guten Tons.“

„Die Feinte de l'amour, im Detail anziehend, ist im Ganzen unerträglich. Die Rolle, welche man die Frau vom Hause spielen läßt, empört. Dieses Stück kan nur in einem Jahrhundert empor kommen, das verdorben ist, wo die Schamhaftigkeit beym schönen Geschlecht für eine Schimäre gilt, und die Frechheit beym männlichen für ein Verdienst.“

„Allen

„Allen übrigen theatralischen Produkten des Hrn. Dorat mangelt es fast durchgängig an Interesse. Seine Deux Reines sind ein abgeschmackter Roman. Sein Malheureux Imaginaire ist zum Einschläfern. Seine Proneurs, welche ein Ausfall auf die Philoso- phen sind, haben weder Auffallendes genug, um die- jenigen, denen das Stück gelten solle, besonders zu zeichnen, noch eine Wirkung ins Allgemeine zu spie- len. Kälte und Geziere sind der Karakter seiner Oden. Und was seine Contes betrift, so beleidigen sie den Wohlstand, die Delikatesse und die Sitten. Unter allen Manieren des Styls ist die Conte derje- nige, welcher Herrn Dorat am wenigsten glückte. Es ist zu wünschen, daß der einstige Wiedersammler seiner Werke einen Combabus, les Devirgineurs und dem ähnliche Stücke, welche der Feder eines sonst züchtigen Schriftstellers, der weder den Taumel des Grecourts, noch die Unverschämtheit der la Fontaine an sich hatte, unwürdig sind, auslassen und in Ver- gessenheit bringen möchte. "

Z 5   Unter

„Unter seinen rühmlichen Produkten hingegen muß man sein Gedicht über die Deklamation oben an stellen. Dieses Stück wäre ohne Zweifel zum klassischen Werk worden, wann sich der Verfasser nicht gezwungen hätte, es in vier Parthien einzutheilen, um die Art poetique nachzuahmen; und wann, anstatt übertriebener Lobreden auf gewisse Schauspieler, er andere zweckmässige Episoden gebraucht hätte. Zwar ist der lezte Gesang, über den Tanz, voll falscher Grundsäze, die noch überdieß schwach ausgedruckt sind."

„Ueberhaupt erhellet aus dem litterarischen Karakter des Herrn Dorat, daß es ihm an einem der beyden wesentlichen Stücke, oder vielleicht an beyden zugleich, mangelte, gutem Rath und Gelehrigkeit. Er scheint die Maxime nicht genugsam empfunden zu haben, welche in der Litteratur so sehr, wie in der Politik, gegründet ist, daß es besser sey, der erste in seiner eigenen Klasse, als der vornehmste unter dem mittelmäßigen Haufen zu seyn."

„Die

„Dieſer Karakter mußte ſeinen Gegnern freylich Waffen gegen ihn in die Hand geben. Unterdeſſen wird ihm die Nachwelt den Platz beſtimmen, der ihm zukommt."

Wir unterſchreiben vorſtehendes Urtheil keineswegs. Anſtatt uns darauf einzulaſſen, ſo wiederholen wir zum Muſter des feinen Geſchmacks und der eigenen Wendung der Ideen in der Manier des verſtorbenen Dichters, folgendes Gedicht

An die Kometen.

Fliehet! Die ihr unſern Erdkloß in Furcht ſetzet:
Drohende Geſtirne, die ihr euren flammenden Schweif
In blitzenden Kreiſen drehet, ſchonet unſerer!
Wie? Den unſchuldigen Diſcus des Monds wollt ihr,
Wie man ſagt, aus ſeinen brannen Angeln heben?
Schon zittern wir für ihn. Wollt ihr,
Grauſame! das Geſtirn der Liebenden zerſtöhren?
Und ſollt er plötzlich auf uns hierniederſtürzen,
Wie würdet ihr uns nicht durch ſeinen Fall ſchröcken:
Wie würde ſeine unüberlegte Ankunft dieſen ruhigen
Und heitern Erdkloß, aus ein Bißgen Waſſer, Staub
und Luft
Gebildet, nicht erſchüttern!

Ihn', der ungeachtet beyfälliger Anstöße von Erd-
beben,

Ohngeachtet der Sturmwinde und der Donner, immer seinen kleinen

Weg fortgehet.

Erzürnte Sterne! Lasset wenigstens euren Grimm

In den einsamen Gegenden des unermeßlichen Raums

Zurück: und verschonet uns nur diesmal mit eurem
fürchterlichen Spiel.

Zwar haben sich die rechnenden Schwätzer, und alle
jene

Sehende Blinde, die auf diesem Ameisenhaufen zer-
streuet sind,

Indem sie eure Laufbahne vorzeichnen,

Zum Trost für den übrigen Theil der Erde, um einige Jahrtausende

Geirret. Auch beruhigt uns ihr Irrthum,

Er giebt unsern Sinnen den Frieden wieder, und unsern Kindern Leben.

Er tröstet Weibsen, und starke Geister;

Und bringt die Ferngläser und das Astrolab in Abfall.

Man lacht den Propheten ins Gesicht: man tanzt

Mitten unter dem Geräusche der Volkans, und
spottet

Der Kometen.

In der That, verheerendes Gestirn! Hast du jemals

Die Fantasie dir vorgesetzt, uns auszurotten:

So daß du deinen Zeitpunkt übel gewählt. Solltest
du

Dir getrauen, eine Welt, die voll Harmonie ist, an-
zutasten?

                                        Eine

Eine Welt, die von der wahren Philosophie erleuch-
tet zu werden

Anfängt? In welcher die Götter selbst nimmer zu
donnern wagen,

Aus Furcht vor der Encyclopädie.

Unbarmherzige Kometen! Ihr wolltet eine Erde

Entweder untertauchen oder rösten — eins von
beyden —

Welche zu verheeren, so viel ansehnliche Mächte, die
darauf wohnen,

Ohne euch, bereit sind. . . . .

Jedoch, wann euch alles diß nicht rührt,

Blutdürstige Sterne! Es schonet in eurem verhee-
renden Lauf

Zum wenigsten die Wohnungen unserer Schriftsteller,

Schonet, sage ich, die Vergnügungsörter und die
Lustplätze

Des friedsamen Bürgers. —

Unter dem abscheulichen Getümmel der Sphären, das
uns gedrohet wird,

O, Himmel! Solltest du so viel gelehrte Schätze,

So viel wöchentliche Erscheinungen, so viel Meß-
neuigkeiten,

So viel neue Romanen, Komödien und Almanachs,

So viel liebenswürdige Kleinigkeiten in rothen und
grünen Schmutzteln,

Verzehren?

Die Logen der Opera, die Gärten fürs öffentliche
Vergnügen

Solltest du nicht verschonen?

Ach

Ach Unglück über Unglück! Schröckliche Erwartung.
Allein, wann dieser Streich unvermeidlich ist, so er-
höre
Meine Bitte: wird die Zerstöhrung vollendet seyn,
So laß mich zu Deucalion werden, und Zelis sey
meine Pyrrha!

Von einem eilfjährigen Frauenzimmer
übersezt und aus Achtung fürs Talent der jungen Grazie statt des
Originals Vorzugsweis hieher genommen.

Die

Die Meinungen und das Schickſal des Baders zu Kazenriedt.

Eine ſchwäbiſche Anecdote. *)

Ich weiß nicht, in welchem unglücklichen Buch der Bader zu Kazenriedt, ein junger Mann, deſſen Schrepfköpfe berühmt ſind, geleſen hat, daß die Erde ſich um die Sonne drehe, daß ſie ihre eigene Parallaxe habe, vermög welcher ſie binnen 365 Tägen, und einigen Stunden drüber oder drunter, einen Durchmeſſer von 42 Millionen Meilen umlaufe, und was dergleichen verwegene Dinge mehr waren.

Es iſt bekannt, daß Bader plauderhaft ſind. Der zu Kazenriedt war unvorſichtig genug, dieſe Hipotheſe in der Schenke vor öffentlicher Gemeinde, weil man beym Hirthendingen verſammelt war, vorzutragen.

*) Ich bin in Verzweiflung, daß dieſes Stück Mir in die Hände gefallen iſt, anſtatt ans Schwäbiſche Magazin zu gelangen, wozu es einen vorzüglichen Beruf hatte, und wo es ſich neben den Heupredigtlein und Biographien vortreflich ausgenommen haben würde.

Anm. vom Verfaſſer der Chronologen.

gen. Er schloß daraus, daß es eine nothwendige
Fürsorge sey, zu den Gemeinhirthen fürohin solche
Leute zu nehmen, welche die Jahrzeiten, Sommer,
Winter und Herbste voneinander zu unterscheiden wü-
sten, und welche die Sonne nicht mehr vor einen
Spahn ansehen, der blos vorhanden wäre, um den
Kirchthurm zu Kazenriedt zu erleuchten.

Diß zog, anfänglich in der Schenke, und nachgehends im ganzen Dorf eine merkwürdige Gährung
nach sich. Man hielt den Bader für einen ausge-
machten Kezer; man floh sein Haus, als wenn es
von der Pest angesteckt wäre; die Alten wiesen den
Jungen mit dem Finger auf ihn.

Natürlicherweis mischte sich der Pfarrer sogleich
darein, sobald ers erfuhr. Zuerst hielt er eine don-
nernde Predigt, worinn er die Kezer in Grund der
Erde verfluchte, die Gemeinde warnte, sich vor den
Propheten, die in Wolfskleidern herumgiengen, zu
hüten. Er sagte, daß Gott Zeichen und Wunder
thun würde. Am Ende der Predigt excommunicirte
er den Bader namentlich.

Hieben bliebs nicht bewenden. Man berichtete
die Sache ins Amt, und der Bader wurde vor ge-
mein-

meinſchaftlicher geiſt- und weltlicher Sizung zur
Rede geſtellt.

Man hielt ihm vor, ob nicht in der Schrift ſtün-
be: Joſua hätte zur Sonne geſprochen: ſtehe ſtill!
Und man verlangte, was er dagegen einzuwenden
wiſſe?

Der Baber berief ſich auf die Gründe, welche der
Autor, worinn er den verwegenen Saz gefunden
hatte, anführte. Wann ſich „ſagte er“ der Umſtand wirklich ſo verhielte, wie der Text ſpricht:
ſo müſte es ein Mirakel ſeyn, von welchem die
ganze Erde wiedertönen würde. Auch nur eine einige Sekunde Stillſtand in der Oekonomie der
Sonne hätte die ganze Ordnung der Natur umge-
kehrt. Alle Nationen der Erde müſten dieſes
Phänomen beobachtet haben: alle Uhren auf der
Welt müſten falſch gegangen ſeyn. Alle Bücher
würden dieſe außerordentliche Begebenheit anführen. Denkmähler würden ſie verewigt haben.

Uuterdeſſen findet man weder beym Herodot,
noch in den Fragmenten des Sanchoniaton, noch
beym Plinius, noch in den Jahrbüchern der Sine-
ſen, welche die beſten Beobachter auf der Welt waren, die mindeſte Spuhr hievon.

Es ist also deutlich, daß man, so wie Wolston lehrt, diesen und andere dergleichen Züge der Offenbarung nicht in menschlichen, sondern in einem allegorischen und typischen Sinn nehmen müsse.

Dieß war genug, den Pfarrer rasend zu machen. Er drang beym Oberamt darauf, am Bader ein Exempel zu statuiren. Er gabs der Obrigkeit auf ihre Seele. — Es ist ein Punkt „ sagte der Oberamtmann, indem er sich zum Sekretär neigte " der eine bloße Wortfüchserey betrift: man kan dem Pfaffen, um der Seccade abzukommen, dißmal seinen Willen lassen.

Nun ist dem Bader sein Bürgerrecht aufgekündet, und er aus der Herrschaft verwiesen.

— Wie, Ungeheur! das du von Ewigkeit zu Ewigkeit in jener Welt brennen must, und das ich in dieser Welt verbrennen lies, wann ich die Macht hätte, du hast die Verwegenheit einen Lukrez oder Bayle zu lesen? Wann ich in meinen wöchentlichen Jeremibiaden predige, daß Simson zehntausend Philister mit einem Eselskinbacken erschlug, oder daß Goliath einen Mastbaum statt der Gerte trug: so kommt dich ein Lächeln an? "

„Und

„Und ihr — Isaak Newton, Friederich II. John Loke, Kaiserin von Rußland, John Milton, Shakespear, Gustaf III. Leibniz, erlauchtes Haus Braunschweig, Tillotson, Kaiser in China, Parlament zu London, Divan des Tartar-Chan, die ihr nicht ein Wort von dem gelesen habt, was ich in meinen christlichen Betrachtungen schrieb: euch erkläre ich hiemit für Heiden und Zöllner. Verstockte Sünder seyd ihr. Ihr sollt alle ins ewige Feuer gehen, wo Heulen und Zähnklappen ist."

„Dann ich habe Recht, und ihr habt Unrecht. Ich habe die Gnade und ihr nicht. Ich beichte den Oberamtmann und seine Frau und seine Schwägerin, und zu euch geht niemand in die Beicht. Ich habe catechetische Fragen geschrieben und auf die Philosophen im Karrenschieberton geschimpft. Ihr aber beschützt sie, oder laßt sie, oder ahmet sie nach. Ich sage alle Sonntage eine elende Predigt her, und lese die Messe in barbarischem Latein. Ihr hingegen gehet nicht hinein, eben so wenig wie Cicero, Cato, Cäsar, Marc-Aurel, Horaz, Virgil und Sokrates."

„Folgilch seyd ihr des höllischen Feurs schuldig: und ich verdamme euch dazu: im Nahmen des Vaters, des Sohns und des heiligen Geists: „

Aa 2   Irre

Irre ich mich nicht, sagt der Weltweise, von dem diese Stelle herrührt: so ist diß die Sprache der Intoleranz.

Aber was wird die Sprache des Baders zu Kazenriedt seyn? Was ich ihm rathe, ist, daß er glücklichere Gegenden aufsuche und unter seinen Meisterbrief, in grossen Buchstaben die Worte des Harlekin im Marionettentheater schreibe.

„Ich bin gebürtig aus Schwaben,
„Wo die Leut Alles, Verstand nur nicht haben.

Die Muse der Chronologen

an den Herrn von Strolendorf.
Banquier zu Wien.

Ihr Freund empfiehlt mir, Sie zu grüssen: Zu
den Beweggründen, spricht er, welche ihm die
Feder führen, gehört vornehmlich derjenige, um
seinen in der Ferne erworbenen Freunden dadurch
von seiner Existenz Nachricht zu geben.

So oft ich, sagt er, einen einigen Gedanken, der
ihren Begriffen gleich ist, anbringen; so oft ich sie
durch eine einige Stelle an die Hochachtung, welche
ihnen mein Herz heiligt, und an die Treue meiner
Gesinnungen erinnern; so oft ich solchergestalt auf
dem Altar der Freundschaft und der Dankbarkeit eine kleine Flamme entzünden kan; so bin ich erquickt.

Fragen sie mich, wie er lebt?

Durch überstandne Noth geschickter
Zum weiseren Gebrauch, zum reizenden Genuß
Des Glücks, das sich mit ihm so unverhoft versöhnt,

A a 3

Gleich

Gleich fern von Dürftigkeit und ſtolzem Ueberfluß,
Glückſelig, weil ers iſt, nicht weil die Welt es
wähnt.
Bringt Phanias in neidenswerther Ruh
Ein unbeneidet Leben zu.

Diß iſt das ächte Bild ihres Freundes.

Or dunque che ragione m'adita il ſuo configlio,
E che mi trovo libero dall'amoroſo artiglio
E che vedo ch'ogn'eſſere ſempre ritorno al niente
E ch'il bene, e ch'il male non reſta mai preſente
Che gloria e un nome vano, ch'un'ombra fugitiva
E la vita degli uomini d'ogni ſperanza priva
Che religion promette quello che mai ſe vede
Ma che dà tanti ſecoli ſull' altrui dir ſi crede
Che ſò che la menſogna di verita ſi veſte
E ipocreſia confondeſi con la pietà celeſte
Ch'il ricco batte il povero, e nel ſepolcro iſteſſo
Starſi il tiranno in ſeno dell'innocento oppreſſo
Che ſempre e umilato l'uomo modeſto e il giuſto
Dall' impoſtor di ſpirito o dal Monarca ingiuſto
Ch'il nome d'amicizia ſerve ſol di preteſto
Per igannar'e il vizio regnar qual nume oneſto.
Separarmi ò riſſolto dalla commun follia
Et abandonnar'il tutto forchè Filoſofia.
E ſcordarmi del mondo, degli abitanci ſuoi,

So laßt er Ihnen in ihrer Leibſprache zu ent-
biethen.

Wirklich lebt ihr Freund in den Armen der
Weisheit und der Freundſchaft glücklich. Und
wann er nicht zuweilen krank wäre: ſo würde ſein
Schickſal ſogar beneidenswürdig ſeyn.

Vergebens ſpricht man ihm zu, wieder in die
groſſe Welt zurückzukehren, die ihm ſo ſehr ſchmei-
chelte; ſeine Anſprüche an den Vorzügen, die ſie
ihm anbeut, wieder zu ergreifen.

> Dieu fit la douce illuſion
> Pour les heureux ſous du bel âge:
> Pour les vieux ſous l'ambition
> Et la retraite pour le ſage.

Diß verſezt er hierauf. Wie ſehr wäre er zu
bedauren, wann ihn dieſe Grundſäze verlieſſen.

Die Buhlſchaft, an der er gegenwärtig hängt,
iſt ſeine Feder. Zuweilen in meinen verlohrnen
Stunden, ſtehe ich ihm bey, und helfe ihm Chronologen, oder abgeriſſene Blätter, ſuchen, worinn er die Nahrung ſeiner Einſamkeit findet.

A a 4

Oft

Oft hat er mich gebetten, ihnen etwas von den
vergänglichen Blättern, die er in die Welt schickt,
zu zeigen: aber einer meiner unversöhnlichen
Feinde im Reiche der geistigen Wesen, der Genius
der Censur, welcher die Mauren zu Wien mit einem undurchdringlichen Flor umziehet, verwehrt
mir den Zutritt zu ihnen.

Wann einst das Schickſal, welches Geiſter und
Sterbliche mit gleichem Zepter beherrscht, und deſſen unvermeidlichen Geſezen die höhern Wesen, wie
die niedrigen unterworfen ſind, die Laufbahn jenes Geiſts vollendet haben wird; und wann ihnen
dann ein ungefährer Zufall die Chronologen in
die Hände wirft: ſo erinnern ſie ſich bey dieſer
Stelle ihres Freundes und ſprechen ſie zu ſich
ſelbſt:

So theur waren ihm die Pflichten der Dankbarkeit.

Verzeichniß
des
Innhalts.

Aa 5   Ueber

Verzeichniß des Innhalts.

Licht

Verzeichniß des Innhalts.

Epo=

Verzeichniß des Innhalts.

Seite

Etwas

Verzeichniß des Innhalts.

Die

Verzeichniß des Innhalts.